THE FLUID CONSUMER

流动消费者

数字化时代的未来增长与品牌管理

Next Generation Growth
and Branding in the Digital Age

[巴西]特奥·科雷亚(Teo Correia) 陈科典 刘春泉 著

谢 怡 沈礼莉 译

上海交通大学出版社
SHANGHAI JIAO TONG UNIVERSITY PRESS

内容提要

本书深入探讨了数字技术如何推动消费者期望和包装消费品行业的深刻变革，以及这些变革给商业模式、品牌管理和增长战略带来的影响。

数字时代的品牌管理需要新的实践和战略。正如特奥·科雷亚所言，平台经济学展现了品牌利用网络效应的力量实现增长的方式。

科雷亚在书中为数字品牌管理建构了新的模型：品牌即平台，即一种在电子商务领域之外接触和利用数字技术的革命性方式。他还提出了一个框架，以帮助领导层和管理层利用数字技术接触消费者，从而找准公司定位，实现持续增长。这个框架还有助于优化创新举措、推动市场营销和促进渠道战略发展。

本书可供消费品企业管理人员参考和阅读。

图书在版编目(CIP)数据

流动消费者：数字化时代的未来增长与品牌管理/
(巴西) 特奥·科雷亚(Teo Correia)，陈科典，刘春泉
著；谢怡，沈礼莉译.—上海：上海交通大学出版社，
2019
ISBN 978 - 7 - 313 - 21738 - 7

Ⅰ.①流… Ⅱ.①特… ②陈… ③刘… ④谢… ⑤沈
… Ⅲ.①品牌—企业管理 Ⅳ.①F273.2

中国版本图书馆 CIP 数据核字(2019)第 196717 号

流动消费者
数字化时代的未来增长与品牌管理

著　者：	[巴西]特奥·科雷亚	译　者：	谢　怡　沈礼莉
	陈科典　刘春泉		
出版发行	上海交通大学出版社	地　址：	上海市番禺路 951 号
邮政编码	200030	电　话：	021 - 64071208
印　制：	上海天地海设计印刷有限公司	经　销：	全国新华书店
开　本：	880 mm×1230 mm　1 /32	印　张：	5.75
字　数：	120 千字		
版　次：	2019 年 9 月第 1 版	印　次：	2019 年 9 月第 1 次印刷
书　号：	ISBN 978 - 7 - 313 - 21738 - 7 /F		
定　价：	48.00 元		

致　谢

通常，此页面只关乎作者和其他为本书做出贡献的人，因为是他们把一个想法变成了一本书。但在此我想请所有读者集中注意力，因为我相信下面所罗列的人物都是当今世界上消费品行业最优秀的从业者。我要向他们表达赞赏之情，他们也应当得到更多的赞扬。

能成为快消品和零售行业的一员，并为之尽心尽力，我一直都深感荣幸。我在年轻时就着迷于品牌对消费者的影响力。当时，某些品牌的吸引力和人们对其的信任程度让我感到十分惊讶，现在依然如此。不仅仅是那些伴我成长的品牌名字，还有近些年创建的品牌，这些品牌迅速获得关注并在我们的生活中占据重要位置。

不过，我也认为品牌的强大力量受到了前所未有的挑战。数字技术的出现虽然带来了新的增长机会，但也给现有品牌带来了巨大的威胁。我渴望了解如何应对数字技术带来的威胁并利用其中的机会，以及向他人分享自己的心得，这是我写作本书的核心动力。

鉴于此话题涉及范围之广,我从接手这个项目之初就知道自己无法独立完成。我需要挖掘这个行业最具权威的知识,以此批评自己、刺激自己、质疑自己,并融合他们的观点来呈现、塑造和完善有待讨论的观念。为了构思和撰写这本书,我向同事、导师和朋友们求助,期望了解更多的知识,并涉猎了广泛的学科领域,包括营销、技术、金融、物流、分析和消费者行为。

我十分感谢他们的慷慨奉献。感谢他们在成书的过程中愿意随时花时间跟我讨论、争辩,并对原稿提出指导意见。在此,尤其要提及以下诸位:

感谢桑基特·保罗·邱达利(Sangeet Paul Choudary)、马克·柯蒂斯(Mark Curtis)和乌尔夫·亨宁(Ulf Henning),是他们激励我思考可能性的艺术,是他们带我深入领会本书探讨的观点,并鼓励我以最新概念来叙述数字化时代的品牌发展和增长决策。

感谢拉贾·阿加瓦尔(Rajat Agarwal)、索尔·阿齐兹(Sohel Aziz)、马塞洛·达拉·科斯塔(Marcello Dalla Costa)、安吉洛·德英姆坡山诺(Angelo D'Imporzano)、布莱恩·多伊尔(Brian Doyle)、亚历山德罗·戴安娜(Alessandro Diana)、迈克尔·A.戈尔什(Michael A. Gorshe)、凯伦·方·格兰特(Karen Fang Grant)、玛丽亚·马佐尼(Maria Mazzone)、约瑟夫·泰亚诺(Joseph Taiano)、拉里·托马斯(Larry Thomas)、罗伯特·威廉姆斯(Robert Willems)和奥利弗·怀特(Oliver Wright),他们为本书投入了大量时间和精力。他们都是各自领域的专家,我十分钦佩他们的知识储备,并对他们致以崇高敬意。

感谢马克·奥斯汀(Mark Austin)、库尔特·布什霍普(Kurt

Busschop)、萨蒂亚德·查特吉(Satyadeep Chatterjee)、滨冈大(Dai Hamaoka)、迈克尔·汉森(Mikael Hansson)、德怀特·哈钦斯(Dwight Hutchins)、伊万·I.凯利(Evan I. Kelly)、西蒙尼·莫兰迪(Simone Morandi)、理查德·默瑞(Richard Murray)、彼得洛·皮埃蒂(Pietro Pieretti)、关一则(Kazunori Seki)、达吉特·辛格(Daljit Singh)、耐瑞·辛格(Nary Singh)、埃德·史塔克(Ed Stark)、特里西亚·斯廷顿(Tricia Stinton)、托尼·斯托基尔(Tony Stockil)、胡利亚诺·图比诺(Juliano Tubino)、渡边园子(Sonoko Watanabe)和马可·齐格勒(Marco Ziegler),他们都是消费品行业的优秀从业者。他们不遗余力地奉献时间和专业知识,不仅检查了我的观点,扩展了案例,验证了客户体验,还提供了新的见解。无论是边走边聊或是正式讨论这个话题,他们都毫不犹豫地做出回应,他们有着和我一样的探索热情,并帮助我清晰地看待现在,同时还帮助我思考未来。

感谢阿迪·阿伦(Adi Alon)、路易斯·阿尔弗德(Louise Alford)、亚历山德拉·本特利(Alexandra Bentley)、纳丁·伯恩(Nadine Berne)、桑德拉·赫尔南德兹(Sandra Hernandez)、安德鲁·赫顿(Andrew Hutton)、大卫·赖特(David Light)、哈里尼·莫汉(Harini Mohan)、菲奥娜·莫里斯(Fiona Morris)、斯科特·约翰逊(Scott Johnson)、维格·尤斯顿(Weiger Joosten),感谢他们积极的指导、支持和见解。

感谢莫林·波西(Maureen Bossi)、提图斯·克鲁德(Titus Kroder)、雷吉娜·马鲁卡(Regina Maruca)、约翰·莫斯利(John Moseley)和延斯·杉登多夫(Jens Schadendorf),他们帮助我以著

书的形式来构思、组织和交流我的想法，并考虑潜在读者的感受。

感谢西蒙·伯杰（Simon Berger）和鲁帕·甘纳特拉（Rupa Ganatra），他们是我在"千禧一代2020"项目中的好伙伴。他们对新创见抱有极大的热情，表现出了我所遇到过的最伟大的企业家精神。

感谢本书的出版者，感谢来自Kogan Page出版公司的海伦·科根（Helen Kogan）和珍妮·沃里克（Jenny Volich），以及Redline出版社的米歇尔·伍斯特（Michael Wurster）对本项目一直以来的支持。

感谢我们集团的首席执行官万杉德（Sander van't Noordende），感谢他从本书写作起一直以来的支持。

最后，也是最重要的是，衷心感谢我的妻子希拉（Sheila）和我的三个女儿斯蒂芬妮（Stephanie）、乔瓦娜（Giovanna）和朱莉娅（Giulia），感谢她们的耐心、不懈的支持和爱。

我想对以上提及的所有人，还有那些我可能忽略了的人（非我本意，在此致以最真诚的抱歉）说：本书的一切都归功于你们的支持和贡献。

特奥·科雷亚（Teo Correia）

于英国伦敦

目　录

的巨大增长机会。

第八章

双引擎创新方式　/ 124

通过同时运作"革新"引擎和"全面体验创新"引擎,公司不仅能维持稳定发展,还会具备初创企业的颠覆性。

第九章

从"新常态"营销框架入手　/ 136

公司里的不同部门处境各不相同,它们适应和利用各种数字技术的程度有所差异。因此,从一开始就应该将重点放在开发数字化营销模型上,有目的性地将营销、销售、信息技术以及全球业务服务联系起来。

结语——展望未来

为20年后的流动消费者提供服务　/ 147

我们现在所看到的一切揭示了未来公司会如何创造、定位和营销品牌,这些品牌又会采取何种方式与消费者建立长期互动。未来形势一片大好。

引　言

　　我最近买了块泰格豪雅(TAG Heuer)手表,这是一个高端腕表品牌,由一位瑞士表匠于 1860 年创立,以品质卓越、工艺精密、设计典雅、持久可靠而闻名。但这块手表,也就是我刚买的这块表,不仅仅体现了我上面说的几点,它还代表了泰格豪雅品牌已大步迈向了数字时代。表上有一块 LED 显示屏和一个英特尔 Atom Z34XX 处理器,能够支持各种安卓智能手表(Android Wear)应用,比如 Google Fit、RaceChrono、Insiders 和 Golfshot 等。

　　简而言之,推出该产品之后,泰格豪雅这一传统品牌就不仅仅意味着精准的计时工具了,它还能成为人们的生活小助手。该品牌的决策者深知在数字技术的狂潮中,他们需要重新定位自己的品牌,抓住机遇,给产品注入更好的消费者体验。苹果等公司已经在为下一代消费者打造新款腕表,这让消费者对一款经典手表的功能有了更多期待,豪雅的首席执行官让-克劳德·比弗(Jean-Claude Biver)深知这一点,而且他也采取了相应的行动。[1]

　　我特爱这块新表。更重要的是,尽管如此,我坦率地承认,就像今天的很多消费者一样,我缺乏耐心。我深知在这个数字时代,

1

科技发展有多么迅猛。虽然这块表所承载的是最前沿的技术，不过要是哪天它过时了，我会再次寻求更新的替代品。

此外，我会根据时机和条件来购买未来的产品，因为我是一个流动消费者，这个群体有上千万人，我们几乎可以随时随地通过移动数字技术在不同类型的交易间随意流动。我们可以随意评论产品、货比三家、咨询客服、下单购买。我们还能通过各种渠道获得更多的产品信息，特别是其他流动消费者在我们经常浏览的平台上发布的一些评价。

相较于过去，我们对产品越来越了解，但同时对其要求也越来越高。其实，我们似乎总是理所当然地认为在这个数字时代，产品就应该越来越便捷，就像我们觉得吸入的空气中应该含有 21％的氧气一样。

那些想要向我们推销产品的公司(比如泰格豪雅)会因此感到很大的压力吗？简单一句"这些公司会有压力"就太轻描淡写了。面向消费者的公司想要跟上现代消费者日新月异的消费风向，需要承受巨大的压力。没有行业能够幸免——尤其是快速消费品和消费服务行业(CPG)。流动消费者要求这一行业做出这样的反应——在品牌忠诚度转瞬即逝而且打造强势品牌异常艰难的情况下，消费品行业在构思、生产、设计、营销和提供数字化智能应用的时候要考虑到产品和服务的流动性。正如雷切尔·罗尔夫(Rachel Rolfe)敏锐察觉到的那样："出于自身需要或是为了抓住发展机会，每个行业都会发现自己身处科技商业领域当中。"[2]罗尔夫是总部设在伦敦的费希尔活动策划和管理公司(FISHER Productions)的创意总监。

　　我写这本书的目的在于帮助消费品行业的品牌决策者们在这个新时代找到立足点(不过我相信本书的观点同样适用于其他行业和类型的产品,比如时尚业、奢侈品行业,甚至从某种程度上来说,消费类电子产品领域也包括其中)。我在这本书中探究并解释了"流动消费者"这一概念,使消费品行业的领导者和管理层了解其品牌如何融入他们(我们)的世界。我想用这本书提醒消费品行业的高管们,品牌是巨大的财富,并且让他们明白,如果其经营的是一个成熟的品牌,那么他们就已经处在一个具有相对优势的位置上,他们可以为品牌添砖加瓦。这本书可以帮助消费品行业的高管们明确品牌定位和形象,帮助他们优化支出和提高参与竞争的敏捷性。于我而言,我很幸运可以看到这个行业不断发展演变的全貌。我将在这本书中分享自己的所见所想。

　　对于消费品行业领导者来说,数字时代的挑战并非虚言,而且迫在眉睫。对其中很多人而言,就算普通工作日都像是在佛罗里达州塔帕湾布希花园(Busch Gardens in Tampa Bay, Florida)的Cheetah Hunt 上坐过山车,对此我并不感到讶异。查一下Cheetah Hunt 过山车就可以对它有所了解;它的设计就是让玩家感觉自己像是一个在追逐中的捕猎者。因为准玩家们无法在排队时得知等待他们的是什么,所以还没轮到自己之前,他们不知道要面对什么状况。但是对我来说,这样的时刻有多难以捉摸,就多令人激动。想象一下过山车设计师的力量源泉。我们这些身处消费品行业的人需要应对流动消费者,也同样可以规划他们的体验和期待。有那多不断发展的数字化科技和日益凸显的机遇,即使我们现在掌握的只有九牛一毛,我也想不出还有比现在更令人振奋的时代能让我们在消费品和消费服务领域大展拳脚。我希望读完本书你也会有同样的感觉，同时我也很想了解你对书中观点的看法。可以通过 fluidconsumer@accenture.com 随时联系我。那我们就开启本书的阅读之旅吧……

上篇

外部焦点

第一章
体验感还是实用性：
找准定位，取悦流动消费者

　　数字技术发展迅速，流动消费者群体应运而生：这群人可以随时随地随心地在消费品和服务（CPG）市场穿梭，来去自如。这些消费者从接受新产品的特征抑或数字的升级功能，到慢慢适应，再到不断地提高自己的期待，似乎只在眨眼之间就可完成，这让很多消费品行业的决策者觉得自己总是落后于潮流，并且容易做出下意识的、信息闭塞的决定。

　　在这样一个似乎将止步不前视为最糟糕状况的世界里要继续发展，品牌守卫者必须按下"暂停键"。他们需要留出足够的时间和脑力对流动消费者进行客观的考察。他们需要在充分考虑流动消费者的前提下，找到一个清晰而又明确的品牌创建之路。

　　对于系列产品中的每个品牌来说，要开启这段旅程，都需要回答一个至关重要的问题：要不断提升品牌，是致力于为消费者带来体验感还是主打实用性？换言之，是最好让消费者直接参与到各种活动和互联的生态系统（体验感）中，还是专注于实用性，仅在被需要时才"出现"，并默默地与消费者保持联系，维系他们对品牌的忠诚度（实用性）？

电子商务最早出现于 20 世纪 90 年代末，当时身处快速消费品和服务市场中的大多数人都坚信，它预示着消费者的购买方式、制造商和零售商的交付方式将发生翻天覆地的变化。尽管如此，我认为当时还没人能意识到这种变化将会有多么彻底。即使是我们对于消费世界未来发展最为大胆的猜测也不过是可悲的短视罢了。但是，我们现在对首次涉足电子商务领域意味着什么有了更好的理解。这种趋势只是在程度上愈演愈烈，而我们仍旧处于数字革命的第一阶段。

思考一下：2010 年，互联网零售占全球包装食品总销售额的 0.8%，即 154 亿美元；到 2015 年，这一份额已增长至 1.6%，即 346 亿美元。2014 年至 2015 年期间，包装食品的线上零售同比增长 15.6%，远远超过其他零售渠道的增长速度。[3] 即将成年的数字消费者不会记得以前根本无法实现线上订购、下单、购买和评价。事实上，他们甚至不记得以前也无法通过这样一个小型的亮屏手持设备便可随意地完成所有的这些事情。随着慢慢加入一系列复杂而又不同的数字主张中，这些消费者开始把互联网和移动设备（还有它们提供的透明度、支持和服务）当作始终同在的伙伴，并越来越把它们当作渗透到生活各方面的顾问、朋友、教练、助理、保姆、导师和管理者。

这些就是流动消费者。对于当代消费者来说，通过随处可用的便携设备和应用程序来探索市场、购买产品，已经变得和刷牙、乘车与吃饭一样平常。大多数人都会本能地加入数字生活的潮流，并下意识地在更多方面运用数字技术。这个群体还在日益壮大。2015 年，全球智能手机用户约为 26 亿，比上年增长 23%。[4] 有

40％的消费者会通过智能手机来追踪当日的商品物流和服务动态，预计下一年将会有27％的消费者通过手机加大网购力度。[5]

他们的力量（也就是我们的力量，因为我们中的大多数人都是消费品领域中的流动消费者）仍在壮大，不断提高着消费品公司产品和服务的门槛。未来十年，流动消费者将会给消费品行业带来天翻地覆的变化，甚至可能会超越过去30年的水平。

事实上，数字市场和数字消费者将给消费品公司带来巨大的压力，它们需要转变品牌承诺，调整市场进入战略，改变创新和制造的方式，这给今天在消费品行业工作的大多数人造成了前所未有的压力。

要弄清楚如何在这样混乱的局面中专注而果断地打造品牌，我们首先要深入了解流动消费者，真正客观地去看待这类新群体的行为。我们中的很多人可能认为，我们自己就是流动消费者，所以我们自然能了解他们。但事实是，仅仅通过照镜子能让我们获取有用的知识吗？我们需要站得更高、看得更远。

数字消费者的高层次特征

为此，我们将流动消费者的以下八个高层次特征视为一种普遍且定义宽泛的个体类型。大多数人都在逐渐成为流动消费者，所以，虽然你个人可能会表现出其中的某些特征，但你可能不会全都表现出来。

● **流动消费者的期待具有流动性**。一旦他们在生活中的某个领域有了独特的体验或享受到了特别优质的服务,他们便随时准备并期待着在其他领域获得同样的服务,这使品牌、部门甚至行业的门槛越来越高["为什么我不能在自己最喜欢的餐厅或银行享受到像优步(Uber)那样的服务?"]。他们注重的品质因此具有流动性,这对于品牌守卫者来说是巨大的挑战;基本上,消费者瞄准的目标在不断移动。

● **流动消费者一般不会对一个品牌情有独钟**。若是某个公司的数字交互体验欠佳,他们就会对该品牌丧失兴趣。倘若品牌夸大其词,未能兑现承诺,并且此时又有其他选择的话,他们就会马上对其他品牌青眼有加。如果此时有另一款产品更能贴近当下他们的生活,他们也会改变自己的选择。流动消费者容易因产品改进而带来的便利或因无意中获得的其他同伴的评价而改变自己的立场。大约40%的年轻购物者在做出购买决定之前会参考社交媒体平台上的相关信息。[6]

● **流动消费者会冲动消费,对包装消费品和时装尤其如此**。这个世界充满了触手可及的自由购物选择,只要朋友或企业在恰当时机给出"建议",交易马上就能促成。59%的消费者并不觉得选择其他产品是种麻烦,而且44%的消费者愿意选择购买更好的商品。约41%的人乐于接受促销优惠和折扣。[7,8]

● **流动消费者乐于分享很多个人信息**。新生代消费者虽然嘴上嚷嚷着担心个人隐私问题,但却在很大程度上选择分享个人信息以换取由数字技术带来的所有便利。四分之三的消费者表示,如果消费者可以控制个人数据的使用时机和方式的话,他们就不会介意个人数据资料被收集。70%的消费者声称,如果零售商能公开说明收集的这些数据将会做何用途，他们不会对收集个人数据的行为感到不自在。[9]

● **流动消费者不把购物本身视为一种活动**。相反，在很多情况下，他们将购物融入生活的其他活动中去(比如工作、通勤、外出就餐、在家用餐、社交等)。他们难道不应该这样吗？对于像银行业务和制订旅行计划这样的日常活动，他们已然是这样做的。

● **流动消费者正将数字技术融入大多数的购物活动中，这一趋势不可逆转**。53％的消费者在外出购物时希望使用智能手机来比对价格、浏览评价，预计未来 5 年内全球在线销售额将增长 184％。[10]

● **流动消费者时常会同时做数件事情**。例如，和某个朋友一起用餐时，他们会同时跟多个朋友在线聊天。而在与朋友们交谈时，他们也经常会去浏览一些评价，看看自己感兴趣的产品、想参与的活动和想去的餐厅是否评价还不错。而当他们在参加活动、在餐厅就餐、在健身房健身或在家做饭时，他们也可能同时在一边工作、买衣服、浏览或撰写评论、拍摄和发送照片，预订产品或服务，甚至是几件事情一起做(看到这些描述时，你还会想到什么其他事情吗？)。

● **流动消费者拥有多重消费者身份，而且这些身份通常与他们生活中的各种活动一一对应**。流动消费者(尤其是千禧一代的流动消费者)会有六种、七种、八种甚至是九种不同的身份，他们可能会被不同类型的品牌所吸引，各品牌对应着不同的主题，诸如健康、社交、忙碌、匿名、独特意识、好奇、创意，甚至 VIP，下图由维克·李(Vic Lee)创作，描绘了这个"我的世界"。

在体验感-实用性图谱上定位品牌

能取悦一位流动消费者并不意味着能让所有人都满意。如前所述,消费者的满意度并不一定会从今天持续到明天。因此,对于如何更好地服务流动消费者,并没有一个固定的解决方案。但有一点是明确的:为了能有效地融入这些消费者的生活,满足并超越他们的期望,消费品公司必须利用数字技术。

毫无疑问,每个品牌都需要利用互联的作用力,要把握实时数据和用户群体的影响力。但重要的是,并非所有的品牌都需要这样大张旗鼓。人们只需稍微回溯一下购物史,就会发现在会员制突然兴起时发生了什么。正因兴起太快,很多项目已开始暴露出令消费者反感的一面。先是钱包，然后是钥匙串，都开始装满或是挂满了各种会员卡。很多公司已经意识到仅仅只是实施会员制未必会促进销量，也不一定会给消费者带来幸福感。数字技术也同样如此。这些技术进步只有利用得当才能帮助消费者，才能支持、吸引、激发他们，并促使他们前进。技术不应让消费者感到挫败或不堪重负。

这是一方面，换句话说，在一件产品（比如我的泰格豪雅手表）中增加高科技功能，作为可佩戴设备的手表适合实现这个想法。但并非每个品牌都需提供（并要求）积极的消费者互动。在我看来，现在有太多的品牌决策者极容易陷入利用"彼得原则"（Peter Principle）来管理品牌的境地，即想让一个本来就有真正价值的东西慢慢发挥出它根本不可能实现的功能。[11]太多的品牌决策者容易惊慌失措、仓促反应，这并不能带来任何好的结果。

那么，消费品行业的决策者该如何厘清这种混乱局面呢？我认为首先需要回答一个非常简单而又经典的问题：你的品牌承诺应该是什么？

的确如此，想想在数字时代之前，品牌对消费者来说意味着什么？那时候，简单甚至单一的品牌价值表述（衣物芳香、面包口感更佳、头发更有光泽）都能让产品声名远扬，获得消费者青睐，并在市场上占据一席之地。品牌承诺基于消费者在产品使用时的体验，也就是大家在洗衣服、吃面包或者洗头发和做发型时能获得些什么。那时候，产品的递送并不是一个影响因素。人们购买产品的意向与产品的可得性没什么关联。其他消费者对产品的评价和意见也不会产生很多影响。在过去，不超过 20 个人的雅芳

(AVON)和特百惠(Tupperware)团队也刚刚好,最有利于我们创造用户群体。

如今,产品的基本品质依然十分关键,但情境满意度也同等重要。在当今时代,"情境"已不只是指产品摆在货架上跟同类竞争产品相比看起来怎么样。现在的品牌承诺包括产品要易于发现、比较、选择、购买和接收,公司对消费者需求的预测情况,以及某款产品在消费者生活中与其他产品的契合程度。数字技术拓展了"产品"的概念。

因此,在数字时代,履行品牌承诺意味着将高质量与闪电式的送货服务相结合,让消费者与制造商直接互动以获得额外价值,让消费者有机会与同一品牌的其他用户交流,或融入其他一些特色和服务。在这方面,品牌承诺可以从给消费者带来"体验感"出发。

但品牌承诺也意味着保证消费者的常用产品永不缺货,消费者本身不需费任何力气,这是一个更倾向于**实用性**的问题。

这几个词就说明了所有的问题。如图 1.1 所示,在数字时代,品牌承诺可以成功定位到这个由"体验感"(数字技术可提升和个性化设计某种产品和服务的消费者旅程)和"实用性"(数字技术可以提升某种产品或服务获取和消费的效率)构成的图谱上。

体验型品牌		实用型品牌
通过核心产品/ 服务增强体验感	←————————→	通过核心产品/ 服务提高效率

图 1.1　在这个由体验感-实用性构成的图谱上,
品牌定位决定品牌发展之路

重要的是，在这个图谱上，每个品牌的"正确位置"都不相同，每一个点都具备一定的优势但又同时面临着各自独特的挑战。此图谱并不意味着实用型品牌是"坏"的，而体验型品牌是"好"的，也不表示实用型品牌是低利润产品，而体验型品牌能获得更高的利润。它只是表明就这些不同类型的产品而言，消费者在购买和消费时的思维和行为方式是不同的。

把这个图谱想象成消费者有两个"购物篮"。在其中一个篮子里，他们放入使用频率固定（每天、每周或者每月）的品牌。他们不想用完这些品牌，而是想要一种稳定供应的轻松感。而在另一个篮子里，他们放入想要与之有更多个性化联系的品牌。他们或许想花更多的时间体验这些品牌，并与朋友分享他们的感受。重要的是，消费者喜欢并信任每个购物篮中的品牌。两者的区别在于数字技术满足他们的欲望和需求的方式不同。

产品对于品牌守卫者而言就如同空气一般，已融入他们的生命之中，须臾不离。但对消费者来说却并不是这样。所以这个图谱能帮助品牌决策者克服这种关注度上的不对称，并让他们以更客观的方式看待自己的品牌。

首先仔细考虑一下这个图谱上的"实用性"一端。虽然流动消费者利用着各种前沿科技，但他们手头的时间却越来越少。所以，对一些品牌而言，"最佳消费点"意味着品牌承诺除了产品的实际"消费"（此时，消费者会意识到品牌的卓越品质和性能）之外，不需要消费者的过多参与，消费者甚至无须参与其他过程。"习惯性消费"产品如香烟等，就落于这个位置。

一些品牌已经有效地实现了这一定位，从而让消费者在"购物通道之外"就能做好购买决定,这意味着还需要考虑的产品是永远不会被消费者纳入购物清单的;回购的过程是自动完成的。只要品牌足够亮眼,能让消费者意识到它的优点,那么就能大大减少竞争对手抢占市场份额的机会。比如,美元剃须刀俱乐部(Dollar Shave Club)[联合利华(Unilever)于 2016 年收购了这家创业公司]采用订阅模式来配送剃须刀片,这样消费者无须花费精力去购物就能领略到该品牌的价值和品质。不用深思熟虑,或追求更佳的"体验感",光是产品的实用性就足以打动他们。第一次预订大概需要花费三分钟,之后用户可以自主选择是否需要额外服务,比如配送剃须膏等。当然,实用性品牌面临的挑战在于如何保持经久不衰的吸引力,以及是否能预测和面对竞争对手为脱颖而出所做的努力,我们将在后面的章节中探索可行的应对方法。

dash 按钮(dash button)是又一力证,它隶属于线上销售平台亚马逊,是一种需连上 WiFi 使用的独立设备,品牌一旦采用 dash 按钮,消费者就只需"按下按钮"便可再次订购该品牌的产品。在本书中,它是亚马逊关于无缝交易概念的最新诠释。自推出以来,与 dash 按钮合作的品牌增加了两倍,已超过 100 个。[12]消费者似乎正在接受实用性品牌的这种理念,这类品牌注重产品的品质和性能,然后"消失不见",因为它们被捆绑到更可见的服务中。很明显,好处在于消费者会自然而然地购买该品牌的产品。而挑战是要确保这种服务对目标消费者具有吸引力,确保该品牌对于消费者来说是可见的、有价值的,同时不会让他们反感。在这种情况下,扩大生产线、采用新包装等行业技巧几乎不会起到这样的作用。而一天一封电子邮件的轰炸式营销手段也没什么效果。另一个可能的更大挑战在于确保品牌的可见性和相关性，一旦设备"需要"产品(比如洗衣机与洗涤剂)，就能够自行下单。

现在看看图谱的"体验感"一端。在这方面，消费者的参与可使品牌价值超越产品本身。而挑战在于要有意识地确定目标群体并对他们提供有针对性的产品和服务，为消费者打造富有吸引力的体验，同时保持扩大消费市场的能力。

耐克(NIKE)是体验型品牌的典范。众所周知，耐克为消费者打造了一系列品牌接触点，促使他们将耐克品牌与体验感画上等号。该品牌的消费者可通过一套 NIKE＋应用程序访问训练项目、个人健身记录和运动朋友圈；耐克品牌在营销过程中鼓励消费者通过苹果(Apple)、追踪者(fitbit)等耐克合作品牌加入"社交健身"活动中。耐克于 2012 年推出能量腕带(Fuelband)，首次涉足可穿戴产品市场，但后来这款产品停产了，这是为了支持品牌合作，让消费者通过耐克应用软件联系其他运动员时不用受限于耐克的硬件设施。[13,14]

耐克由运动鞋发家，其在品牌壮大的过程中一直秉承着为消费者带来体验感的宗旨。如今，它既通过零售商销售产品又直接面向消费者销售产品，同时利用数字技术推进创新，但更重要的是，耐克的发展愿景和战略似乎都以体验感为中心，即鼓励消费者使用耐克品牌来进一步实现自己的健身目标。

有趣的是，另外两个健身服装品牌安德玛(UNDER ARMOUR)和露露乐蒙(lululemon)都落点于图谱"体验感"的一端，但发展方式却截然不同。这两个品牌在打造和管理引人注目的消费者体验方面成绩斐然,证明小品牌同样可以在这个领域拥有自己的一片天地。

安德玛(UA)通过各种零售商和在线渠道(包括自己的电商平台和经销店)来销售服装。在21世纪初期,它开始受到很多年轻运动员(包括职业运动员和周末健身族)的喜爱,在他们的成长过程中,移动技术慢慢成为日常生活中不可缺少的一部分。安德玛不仅能够帮助消费者健身,还能让他们通过产品监控个人数据。比如安德玛健康套件(UA Healthbox)就给用户带来了一种个性化、互联性的健身体验,这套设备包含了智能体重秤、健身手环和心率检测器。[15]

露露乐蒙的发展方向似乎有所不同,但它还是将数字化作为发展战略的根本驱动力。具体说来,这家总部位于加拿大的公司通过旗下连锁店和电商平台(包括其他在线供应商)销售服装,它致力于改进自己的电子商务功能,不仅完善了支付流程,而且更新了追踪店内库存量(SKUs)的应用程序,利用射频识别技术(RFID)使得监测店内库存量的准确率达到了98%以上。[16]与此同时,该公司也追求创新,旨在与更富裕的消费者建立更深层次的店内联系。最近在纽约市,露露乐蒙零售店开设了一个"露露乐蒙实验室"(lululemon lab),分为两个区域,零售区域用来销售小批量的健身服装,工作室区域则是专门为15名设计师和制版师提供的空间。实验室的首席设计师马库斯·勒布朗(Marcus LeBlanc)解释道:"这样做是为了与城市建立起联系,制造出应对城市生活中不同天气情况、通勤方式和人格特质的'超级特制'服装。"[17]

从美元剃须刀俱乐部到耐克,所有这些品牌背后的决策者都明白欣然接受数字化并不是因为你能做到，你看到别人在做，或是因为你害怕落后。而是在追寻一种特有的品牌战略，给目标消费群体带来更多价值，因为这种战略符合消费者想要的生活方式。利用数字技术来成功策划并执行这一战略就要：实时了解哪些方式可行、哪些方式不可行，发掘提升消费者价值主张的新途径，并在过程中适时调整。在新形势下，传统的品牌管理人员必须不断变成为目标流动消费者提供多种解决方案的策划管理者。

"五位流动消费者的品牌互动"这一补充栏目说明了品牌如今能以多种方式渗入消费者生活的 5 分钟片段。

五位流动消费者的品牌互动

现在是傍晚六时许，在一个中小型城市，此时春风徐来，夜色正好。商业大街旁的一家小吃店今天一整天生意都很好，顾客络绎不绝，所以店主决定提前 15 分钟关门，她好外出喝一杯清凉的饮品，感受一下和煦的春风。一群顾客刚想进店，店主就向他们挥挥手，他们只好点点头，决定去别处喝一杯。

在途中，其中一人用智能手机预订了一张飞往芝加哥的机票。另一位对比了一下几家网店羊奶焦糖（这是那家小吃店橱窗里展示的特色产品）的价格。他选择了最划算的那家，第二天就能到货。第三个人通过手机查了一下当地的餐馆，发现他们最青睐的餐厅生意火爆，于是就预订了一张桌子，还得到了一张折扣券。

第四个人在脸书上抱怨这家小吃店提前关门,然后抚摸着下巴开始浏览美元剃须刀俱乐部的网站,往购物车里加了剃须膏。返回到脸书界面,他看到自己的一位朋友刚刚完成了一次5.4英里的"与耐克一起"跑步活动,他点了个赞,决定不要在餐厅里喝啤酒了。翻了翻菜单,他看到了 Bai 抗氧化饮品(Bai Antioxidant Infusion),决定就要这杯,再来点清淡的小吃,然后就慢跑回家。

最后一位落在大部队后面,一边走一边玩着"口袋妖怪"(PoKéMoN)的游戏。现在是傍晚六时零五分。

在这短短的时间内,这些来自一个群体的人虽然没有身处传统的实体店,但都与全球各种消费品和服务品牌进行了互动。每个品牌都有着各自不同的承诺,每个品牌都在体验感-实用性图谱上占据着不同的位置,每个品牌都有着独一无二的消费者定位。

竞争格局下的发展之路

竞争格局下的发展之路应该也可以是经过相同深思熟虑后的产物。首先,要将你权限范围内的每一个品牌都定位到体验感-实用性的图谱上。好消息是,如果你客观地思考问题,你可能就已经掌握了确定品牌所在位置所需的大部分信息。试问自己:消费者会如何使用我的品牌? 品牌是否与功能性活动或习惯性活动相关，表明它在实用性一端？或者它是否有助于消费者与更多用户或接触点产生互动，显示在体验感一端？大多数的消费品品牌落点都离实用性一端更近，我们经常"消费"这些产品，希望只要一有需要，就有产品可用。

一旦确定了品牌在体验感-实用性图谱上的位置，你就可以开始规划一系列相应的行动和举措来建立一个更加强大的品牌。对产品体验感或实用性的定位将会成为你发展道路上的一盏指路明灯。它将帮助你选择自己需要构建或加入的数字品牌平台类型，找到使用这个平台的最佳方法（第三章的主题）。你的公司里会有一个专门的部门来进行完全前瞻性的思考（详见第八章）。但你在体验感-实用性图谱上对品牌的定位是理解这个竞争格局最重要的先决条件，在这个充满竞争性的市场里，新的商业模式和颠覆性的创新模式层出不穷，涌现的速度比我打出这些字的速度还要快。

要点回顾

● 制造商和零售商采用的数字技术催生了流动消费者，这些消费者个体随时随地都可以自主选择是否要购买商品。

● 流动消费者的期望变化多端，品牌决策者承受着巨大压力，结果是许多决策者似乎对品牌最佳定位还未有清晰认识便仓促行动。

● 所有品牌都需要利用数字技术的力量。所有品牌都需要从数字技术提供的互联性中学习。不过，对于一些品牌而言，这意味着可以直接通过数字技术吸引消费者（通过体验感），而对于另一些品牌来说，它们会在"幕后"利用数字技术，这样产品就能在消费者需要它的时候发挥作用(体现实用性)。

● 无论是实用型品牌还是体验型品牌,品牌决策者都将利用与消费者之间的互联性来了解它们,以此改进自己的产品,甚至预测消费者接下来的需求。而且,在这两种情况下,传统品牌经理的形象已被颠覆,而成为品牌的管理者。

● 掌握消费者的数据资料对在体验感-实用性图谱上准确定位大有帮助。只有确定最佳落点,你才能确保自己接下来的举措有助于品牌变得更强大。

第二章
新数字时代的中国消费者

　　放之全球范围谈论"流动消费者",没有任何一个市场像中国一样有着最华丽的流动性和变化性。在中国,我们遇见到最具流动性的消费者,他们在如此短的时间并在如此大的规模中呈现出来的流动性和变化性,挑战了我们传统意义上的消费者洞察和认知。

　　中国消费者的流动性首先体现为这个国家过去40年经济转型塑造的持续变化的消费者市场形态。2018年中国人均GDP接近1万美元,较1978年增长了40倍;他们在2018年人均贡献了逾2 800美元的消费支出,对全国GDP的贡献率达到了76%;按照人均收入,中国市场并存着中高收入国家、中等收入国家和低收入国家的市场形态;城市规模和所在纬度形成了空间上的市场差异;人口结构持续发生变化,各个代际消费人群呈现特点鲜明的消费特征的倾向。

数字化对中国市场的雕琢和塑造强度要远远超过任何一个国家。中国消费者的网购人数是美国的 2 倍多,过去一年的在线消费金额突破 1.3 万亿美元,占全球电子商务市场规模的四成以上;他们在数字技术的接受和应用程度上名列前茅,使用移动支付的比例是任何其他国家的三倍以上。

中国人已经拥有 13 亿部个人手机,利用手机进行娱乐、社交、购物、旅行和理财等活动已然是家常便饭,近六成消费者每天在手机上花费的时间超过 2 小时,14% 的消费者甚至超过 5 小时。随着更多数字化应用场景的展开,中国消费者或可将手机作为其智能生活的操控中心,连接起其他科技设备,享受数字未来。

在这个世界最大的流动消费者市场,赢取这些不断变化的消费者不仅是企业势在必行的战略,也是企业保持持续增长的巨大挑战。把握中国消费者的流动性状态,是赢得中国消费者的关键。接下来,我将从消费体验、消费理念和消费方式三个角度入手,向您展示"流动中"的中国消费者。这在本书中文版付梓出版的时刻更有特殊意义。

流动的消费体验:从"产品经济"到"体验经济"

智商衡量人的智力水平,情商可以反映他待人处事、控制情绪的能力,那消费商(SQ: Shopping Quotient)则评估了消费者在购物过程中的喜好和习性。在新数字时代,我们看到中国消费者的消费商正在不断升级,他们对于消费的诉求和数十年前相比已经大不相同。其中,对于体验的追求,无疑是消费商升级的最突出表现。

当电子商务方兴未艾之时,中国的零售业者和消费者都开启了从线下到线上的迁徙。一时间,网络消费声势正隆,创造了一个又一个史无前例的光鲜数字;但线下店铺却门可罗雀,"实体店已死"成了中国消费市场被谈论最多的话题。随着数字技术的深入发展,这种消费趋势已经成为过去。如今的中国消费者不再一味倒向线上领域,也不再纠结于网店还是实体店的选择题中,"两线买"已经成了他们的鲜明标签。调查显示,55%的中国消费者最近一年网购频率有所增加,但这部分消费者并未放弃线下购物,相反他们频繁使用线下渠道消费的比例达到了80%。

这种"一边网购、一边逛店"的全渠道特点还体现在他们购物环节的方方面面。比如,50%的消费者表示在店内购物时会经常使用手机比价,并且这已不再是中低收入人群的专利,高收入者反而更加活跃。同样,产品信息的比较也不分场合、不分阶层。又比如,47%的中国消费者认同"购物竟然成为社交生活的副产品",他们在购物的同时,既会通过手机浏览其他用户的评论,也会将自己觉得不错的产品和服务推荐给聊天软件中的好友。在这样的消费习惯下,"购买—分享—再购买"的社交购物循环已经成形,多数消费者表示更愿意相信和购买兴趣圈中推荐的产品,哪怕价格偏高也会接受。

中国消费者既懂得利用线上购物的方便快捷,也乐于享受实体门店的无缝体验。从某种程度上讲,这种对"逛"式体验的追求、对休闲与社交的需求,都进一步推动着线下消费的迅速回春。过去两年,阿里和腾讯两大巨头在线下开展了大规模的圈地运动。

以阿里为例,除了战略入股三江购物、联华超市、新华都、大润发和居然之家等传统零售龙头,这家中国最大的电商平台还推出了生鲜超市"盒马鲜生"。有别于传统的线下超市,盒马一方面通过门店布局、选品、餐饮等升级线下体验,另一方面通过线上渠道为客户提供3公里范围内30分钟送达服务。线上线下高度一体化运营使盒马的单店坪效达到传统超市的3~5倍,线上订单占比超过50%,多家门店已实现单店盈利。

不难发现,中国消费者的消费重心也已经从"产品经济"转变为围绕关键场景的"体验经济"。对近半数消费者来说,购物时"喜欢"比"实用"更重要;近六成中国消费者表示"购物不仅是买东西,更是购物体验"。售前的商家信息推送、售中的服务体验、售后的维修护理等,形成了购物体验的全过程,任何一个环节的不足都可能令一次购买体验得到差评。例如,售前的信息推送和需求不符便会受到消费者的吐槽,退换货等售后环节有错漏很可能就此丧失客户的信任。总之,消费者不仅看重产品的品质,也越来越关注购买的新体验。比起优惠的价格,舒适而方便的购物场景更能触发消费冲动。中国消费者正在呼唤企业全面提升零售的每一个环节,优化每一个可能的消费者接触点。其中,为消费者提供"智能购物体验"——如场景化体验和参与性购买体验——尤其值得关注。调查显示,52%的中国消费者表示期望通过AR/VR设备体验想要购买的商品,他们也期待智能设备能预知其所需。

2017年夏,百威英博(AB InBev)在上海一家酒吧推出了线下浸入式戏剧《寻找Mr. X》,将戏剧性场景与产品销售相结合,为消费者打造了一次沉浸式的互动消费体验。戏剧发布的当天,百威在其天猫旗舰店同步升级了店面设计,将店铺升级为啤酒文化和"新零售"体验中心,优化了线上购物体验。这一活动被业界称为新零售的时代的一次标志性事件。另一家中国企业"江小白"则积极尝试让消费者参与到产品的制造过程中来。早在 2016 年第二季度,江小白就推出了"表达瓶产品",消费者扫描江小白瓶身上的二维码,输入想要表达的文字,上传自己的照片,便能自动生成一个专属于自己的酒瓶。如果表达内容被选中,它就可以作为江小白的正式产品,付诸批量生产并在全国同步上市。消费者对此的反应颇为积极。产品上线不足半年的时间里,江小白的销量就同比增加了 86%,搜索指数和电商 2C 的销售增幅超过 100%。

嬗变的消费理念:价值观全面升级

在中国,规模真是件让人着迷的事情,当全体消费者的消费价值观被唤醒,所造成的后续影响将是每一家消费企业都不容小觑的力量。如今的中国消费者不仅开始关注健康和身材,在运动领域有所投入,也积极追随科技潮流,用最新的科技产品"武装自己"。此外,他们对于企业价值理念的要求,也是一股可以改变消费市场的巨大力量。

如今,运动健身已成为中国人的最新生活方式。根据经济学人智库(EIU)的研究,已有三分之一的中国人养成了经常锻炼的习惯。其中,六成消费者每周能保持 3 小时以上的运动健身时长,近四成可保持在每周 5 小时以上;学历和收入越高,越愿意为运动投资时间。运动潮也带动了运动消费成为新的消费趋势,37%的消费者会经常购买运动／户外用品,22％的消费者预计未来一年会增加运动健身方面的花费。值得关注的是,每周运动5小时以上的运动达人和经常活跃在运动社交圈的"圈子运动族"是运动消费的主力军,他们在购买运动产品和运动健身方面的预算高于总体,如果既是运动达人又是圈子运动族,购买力则更胜一筹。

与此同时,由于数字技术升级对体育产业的影响,无论是版权市场、观众体验、社交网络、移动科技还是周边产品,一切与体育相关的领域都在升级换代,体育消费也面临着体验革新的转折点。调查显示,"运动＋新技术"渐渐成为运动消费者备受期待的组合,44％的消费者表示希望AR／VR技术应用于运动健身领域,41％的消费者希望人工智能和物联网在运动健身辅助方面得到广泛应用,还有29％的消费者希望户外运动产品也能像共享单车一样进行共享。

和运动领域的投入相比,中国消费者对于新兴科技装备的热衷程度更是有过之而无不及。以可穿戴设备为例,2017年中国可穿戴设备市场的总收入达到了24亿美元,到2022年的年复合增长率预计为2％;10个中国消费者中,有4.1个就拥有可穿戴设备。这一比例在智能语音助理领域要来得更高,55％的中国消费者表示在使用语音助手,比美国消费者高出了近10个百分点;中国智能语音市场的规模也呈倍数增长,2016年其市场份额达到了59亿元人民币,比2011年增长了近10倍,其中有七成市场份额都归属于科大讯飞,其产品的垂直领域包括教育、公共服务、汽车、客服、医疗保健,以及其他消费品,可见智能语音助手在中国市场应用之广泛。

不过,我们也观察到中国消费者有一个比较奇怪的特点,那就是"买而不用"。在拥有可穿戴设备的消费者中,有 30.8％会每天或经常使用它们,52.3％表示偶尔使用,另外 16.9％的人则表示已经不用了;智能语音助手也同样遭遇"冷落",经常使用、偶尔使用的人群比例分别为 18.2％和 73.1％,甚至有 4.5％的消费者购买之后从未使用过它们。这背后的原因是复杂的。既有消费者个人的缘故,也与这些数字设备应用场景缺失、功能有限,无法满足消费者的预期和需求不无关系。如何将中国消费者远高于全球平均水平的热忱化作真正的蓝海,或许是相关从业者必须深思熟虑的问题。

如果说消费项目的转变只是中国消费者价值升级的表面特征,那对于企业价值观的认同,则反映了中国消费者价值升级的内在需求。当被问及对品牌和企业的期望时,80％的中国受访者表示,购买产品和服务时更愿意选择使命与其个人价值观和信念相一致的企业,79％的中国消费者希望企业在社会、文化、环境和政治问题上表明立场。两组数字均高于全球平均值 17 个百分点。此外,中国消费者对企业立场的透明度也极为苛求:75％的中国消费者表示购买产品时会考虑企业的道德观和真诚度,还有 84％的消费者希望企业提高更多业务层面的透明度,如产品采购流程的透明度、工作条件的透明度,等等,分别高出全球平均值 13 和 10 个百分点。

值得一提的是,中国消费者对社会和环境问题的关注和意识已处于与全球发达国家接近或相仿的水平——78％的中国消费者表示青睐使用优质原材料的企业,与英美德法(75％～82％)等国家处于同一区间;69％的中国消费者青睐善待员工的企业,与美国持平且高于德国、法国、英国、日本(47％~67％);而在减少塑料使用和改善环境方面,中国消费者表现出更强烈的意愿,受访赞成率为71％,明显高于日本的33％和美英法德意等发达国家(54％~68％)。

产生这种变化趋势的最直接原因是:被数字技术赋能的消费者群体愈发成熟,消费旅程中的买家诉求水涨船高,消费者预期正从"我从企业获得好的产品/服务/体验"(小我需求),升级到"通过我的消费行为让这个世界更美好"(大我需求)。社交媒体和公共平台的蓬勃发展无疑为消费者更快速、更直率、在更广泛的空间内表达主张和观点提供了可能。个体买家的话语权空前增强,并对物理空间和虚拟社区的类群体产生重要影响,这种力量迅速集结成为整个消费群体的购买话事权。如果企业能打造与消费者利益相同的使命,培育消费者的品牌归属感,就能与消费者建立更为长期、深入的友好关系,可以让消费者对于品牌的态度从"给'我'提供想要的产品"转变为"支持'我们'共同的理想"。这一关系以消费者与品牌间的相同立场为基础,其作用绝不仅限于促进企业的收入增长。

移动的消费方式:移动支付领跑全球

数字时代的消费者,拥有的是数字特性。我们可以很直观地感受到中国消费者对于数字技术和数字设备的依赖,这种依赖体现在消费购物的方方面面。而实际上,数字设备在中国的应用绝不仅限于比价、查询、分享这么简单，用手机进行消费支付，是中国消费者日常购物和生活的"必需品"。

在欧美国家，信用卡的普及要远早于移动支付，但在中国并不存在这种严格的"先来后到"。中国地域广大、人口众多，在有些地方，甚至信用卡尚未普及，但手机支付已经无处不在。仅 2016 全年，中国非银行支付机构共处理移动支付业务 970.51 亿笔，金额为 51.01 万亿元人民币，同比分别增长 143.47％和 132.29％。相比而言，当年美国的移动支付金额仅为 1 120 亿美元，仅为中国的七分之一。毋庸置疑，中国已成为全球第一大手机支付市场。无论身处繁华的一线城市还是偏远的农村，无论是高档商场超市还是路边小贩小摊，支付宝和微信支付都随处可见。而随着智能技术的进一步成熟，支付将进入"万物皆载体"的新阶段，智能手环、手表、汽车、空气净化器、冰箱、空调、电视等都可以成为支付的"账户载体"和"受理终端"。

移动支付造成了一种"钱非钱"的错觉，并无形中推动了消费的增长。58％的中国消费者表示冲动消费增加的原因是支付更为便捷，这一比例远高于选择购买方便（51％）和商品优惠（42％）的受访者。而对比经常使用手机支付和不经常使用的消费者，前者认为"手机支付的便利让我越来越感觉不到在花钱"的人数比例接近六成，较后者足足高出了 15 个百分点。

事实上，手机已经成为中国消费者数字世界的中心。越来越数字化的生活方式，都以智能手机为核心外延出去；各种创新也都在围绕着智能手机发生，无论是物联网、可穿戴设备，还是智能语音助手，又或者是智能金融。如今，有 56.6％的中国消费者日均使用手机达 2 小时以上;超过 70% 的人表示会在 2 年内更换手机,只为了寻求更新的功能和更可靠的安全性;40% 的中国消费者经常使用手机获取银行的产品和服务,这一比例远高于使用自动柜员机(ATM)(32%)和前往银行网点(19%)的人数比例。我们已经很难想象,没有手机的生活会是什么样了。

特写:流动的代际消费群体

消费体验、消费理念、消费方式的变迁,让我们对于中国消费者有了一个整体的概览。但作为一个拥有 14 亿人口的庞大市场,消费者的共性特征并不能说明一切,不同年龄、不同性别、不同地域的消费者,都可能表现出与众不同的独特特征。我们想要满足中国消费者的需求,还需针对特定群体制定策略,实现精准营销。通过洞悉解构数字技术和中国社会人口变化对消费市场的结构性塑造,我们看到新消费力量正在组合成形,并催生新的消费行为。其中,有三类人群尤其值得关注。

新世代经济:当"千禧一代"已经成为消费市场中坚力量的时候,一群出生于 1995 年后的"Z 时代"开始逐渐步入公众视野。在不远的将来,他们将是全新的消费主力军,成为消费品企业不可忽视的重要力量。这群出生于数字时代,成长于数字时代的年轻人,被称为"数字原住民",他们是使用手机时间最长、对手机依赖程度最高的群体,他们中有四分之一的人日均使用手机达五小时以上;他们是绝对的网购主力军,却对电商网站、搜索引擎和产品官网缺乏信任感;他们是"颜值一族",愿意为更好的外观、款式或者创意买单,即使溢价也心甘情愿;他们关注美食和影音,但网红和明星对他们的消费影响却颇为有限。事实上,不少在华企业都已经开始行动,抢占这一人群的市场。比如老牌快餐品牌肯德基就曾联手网易手游《阴阳师》在全国八个城市推出"阴阳师主题店",受到学生和游戏玩家的热捧;二手车电商品牌"天天拍车"也紧跟"95 后"步伐,借着红极一时的嘻哈热潮,发布了一首 RAP 广告,蹭足了热点。

银发经济:目前,中国 60 岁以上的老龄人口为 2.49 亿,占人口总量的 18%;如果将银发的年龄线下调十岁,这一群体的数量更将逼近 4 亿。相对其他群体,银发族虽不能引领数字潮流,但也绝不落伍。事实上,与上一代银发族相比,如今的老人们更舍得花钱,也更懂得花钱。他们推崇新技术,会主动或被动地享受互联网带来的便利与新奇,微博、电视、微信已经成为触动其消费的三大来源;他们有闲又有钱,享受当下并决策果断,47% 的银发族认为"喜欢"比"实用"更重要,48% 喜欢购买最新上市的产品。调研显示,目前过半的银发族有过网购经历。而到了 2030 年,中国 51~80 岁的人口预计将高达 6 亿,接近美国总人口的 2 倍,将形成世界上最大的银发经济。届时,他们将非常习惯数字生活,其数字消费活跃度可能远高于今天的银发群体。

红颜经济:中国拥有近 4 亿年龄在 20~60 岁的女性消费者,如果单独按照人口数量计算,她们将构成世界第三大经济体。中国女性消费者每年掌控者高达 10 万亿人民币的消费支出,也足以构成世界第三大消费市场,接近德国、法国和英国零售市场的总和。今天的她们已经撕掉传统的标签,以全新的姿态演绎消费旅程中的"多面自我"。她们消费进取,为自己买,也是家庭的女主人,除数码产品、家用电器、机票和酒店预订三个大类以外的全部领域,她们都比男性消费者拥有更高的决策权;她们冲动但不盲从,日趋务实而理性,女性秉持"正念消费主义"的理念,对于消费信贷产品、名牌效应以及圈中好友的推荐,其态度都较男性更为审慎;她们完美结合了线上与线下,对于数字渠道的使用程度和对门店体验的积极态度都领先男性消费者,完成了"自我关注、自我取悦"的进阶修炼。同时,日臻成熟的女性群体不断打破传统消费认知中的性别框定,在科技、运动等新晋消费领域独树一帜,持续为市场带来惊喜和思考。

第三章
平台至关重要

如果你的首要任务是找到品牌在体验感-实用性图谱上的位置，那么你面临的最大挑战就是如何充分利用该定位。

要做到这一点，培养平台思维非常重要，即思考如何建立一个社区或者成为这个社区的一部分，在这个社区里，产品、服务与消费者之间都是互联的。这种心态能帮助你造福消费者、品牌和这个社区里任何相关成员；在这个社区里，一荣俱荣、一损俱损。

换句话说，平台思维能提升你的创造力，帮助你改进学习和分享之道，洞悉该如何突出品牌的个性化特征。流动消费者的三大愿望就是："让我尖叫；懂我所要；帮我'社交'。"平台可以帮助你实现这三个目标。

诞生于数字时代的品牌自然会利用各种技术来实现流动消费者所重视的各种功能，比如易于获取、具有个性化特征等。但大多数的传统品牌还是通过电视、超市等传统渠道接触消费者。它们并未改变与消费者的主要连接渠道，而这些渠道的作用却大不如前。

显而易见，大多数消费品行业的品牌决策者都意识到了这一挑战，纷纷建立起了产品和服务的线上平台。很多公司直接推出了电商渠道，这一举动在几年前被认为是歪门邪道（"这是零售商要做的事情！"）。事实上，所有消费品品牌的守卫者都至少在尝试利用数字技术通过某种方式来接触消费者，比如通过社交媒体，甚至是通过智能手机应用程序，在消费者点击进入某家商店时发送促销信息。

但问题是，这类活动并不会改变消费者心理上与品牌的联系，它们只会改变或者促进金钱交易，但从长远角度来看，不足以增加（甚至维持）品牌的资本净值。虽然投入大量精力打造在线销售渠道的确方便了数据收集，但通常也给其他渠道带来了限制。

正如已故的管理学大师彼得·德鲁克（Peter Drucker）所说："动荡时期最危险的不在于动荡本身，而是墨守成规／因循守旧。"[18]这就是为什么品牌守卫者现在需要以更加成熟的心态思考该如何与消费者建立联系。他们需要淌过电子商务的"湍流"，不再庸人自扰，攻击假想敌，因为这会迫使他们超速、超负荷发展。各种数字技术层出不穷，他们需要花费时间和资源去确立与客户建立联系的最佳方式，仿佛这一切是在从头开始，而不是把以前的方式修修补补变成新的方式。品牌决策者至少需要在思想上清零,从头开始思考数字战略。

品牌守卫者要从内心深处认可数字技术能让他们从产品销量和品牌社区中获益,其中品牌社区由用户、其他品牌、产品和服务组成。这就是"平台"理念,即数字连接能带来价值,而且这一价值与日俱增。[19]

当今世界,无论是着重体验感、实用性,还是介于两者之间的所有品牌都应想方设法建立或者加入一个这样的平台。正如桑基特·保罗·邱达利(Sangeet Paul Choudary)、马歇尔·W.范·埃尔斯泰恩(Marshall W. van Alstyne)和杰奥夫雷·G.帕克(Geoffrey G. Parker)在《哈佛商业评论》(*Harvard Business Review*)中发表的相关文章中提到的那样:产品特色各异,但平台能够借助品牌社区的力量。[20]

品牌在平台上运作时,消费者会觉得它突然间比以往任何时候都了解自己。品牌不仅会给消费者推送更加相关的信息,推荐那些他们可能会喜欢的产品和服务,还会帮助他们一步步完成一项活动,抑或是减少他们日常杂务的负担。有时候,一些品牌还会进行捆绑营销,这更夺人眼球、快捷高效。

对公司来说,基于数据建立的品牌平台是一座信息宝库,公司通过这个平台获得洞察、研发创新,甚至是打造一个更加适用的平台。

而且,平台还会提高消费者"移情别恋的成本"。消费者从一个品牌中获益越多,对这个品牌就会越依赖,也就越不容易放弃它(或捆绑营销的一系列品牌)而选择其他竞争产品。许多平台打造了大量的会员制活动来吸引消费者,以此来抵消数字时代下消费者忠诚度的流失。

打个简单的比方,假设一个消费者一直在使用某款健身应用程序,还说服了三五好友加入,这些人互相激励、分享健身成果、计算卡路里,一起交流想法。随着时间的推延,加入的朋友越来越多。不过,现在过了几个月,第一位用户发觉有一款更加适合自己的健身应用程序。但要是切断原有的关系纽带,她就不得不退出之前的朋友圈、卸载应用程序,甚至可能需要舍弃在这上面结识到的教练,这都不是容易的事情。健身朋友圈同样具有价值。所以她或许会坚持使用第一款应用程序。

流动消费者躁动不安,平台社区能为他们注入一剂镇静剂,使他们更加忠诚于品牌。

品牌平台——过去与现在

正如标题所描述的那样,在数字技术从出现到涌现的过程中,"品牌平台"一词的含义不断演变。在数字时代到来之前,"品牌平台"更像是一个政治平台,传达产品价值主张的信息。正如我在第一章提到的那个"经典的"品牌问题那样,过去的品牌承诺总是十分简单:洗涤剂能让衣物亮丽如新,护发素能让头发飘逸柔顺,涂了润肤膏之后再用剃毛刀能让腿部如丝般光滑,肥皂能让肌肤水水嫩嫩,麦片泡在牛奶中仍能保持酥脆的口感。只有公司信守品牌承诺,采取有效的营销方式,才能赢得消费者的信任。顾客满意了自然会成为回头客,公司也就能获得利润。

之前就有人表示，很多公司过去一直(现在依然)在努力打造品牌资产与顾客忠诚度，它们会推出一系列项目如会员卡、会员俱乐部等，为顾客提供即时性和长期性的购买价值。即时性的价值就是顾客拿到手的产品。长期性的价值就是让顾客每次购买产品都能得到额外的福利，比如说可兑换免费产品或享受折扣的积分。

但在数字时代，品牌承诺可就复杂微妙得多。我们现在提到的"品牌平台"，是指消费者通过数字化连接为自身和企业创造和获取品牌增值的有利环境。数字平台可能会注重互动式服务，或是鼓励消费者在平台上与其他消费者和产品建立联系。或者，数字平台也可以主要依赖互联产品，让消费者在不知不觉中与之产生联结，而且在这个过程中消费者自己无须发挥主动性。无论是哪种情况，基本上都是品牌平台(消费者到消费者、消费者到产品、产品到产品)上的每一次交互产生新的信息，公司将这些信息转化为惠及所有平台参与者的知识。而且得益于数据分析技术，这一过程可瞬间完成。在诺贝尔奖得主让·蒂罗尔(Jean Tirole)和很多其他人士的努力之下，人们开始越发关注双边市场经济学，而且数字平台随之不断发展，这些概念已经足够成熟，可用于探索、促进品牌的构建。

数字品牌平台与传统品牌平台的目标一致，即建立消费者对品牌和企业的忠诚度，促使他们成为回头客，并成为品牌延伸产品的忠实顾客，希望通过品牌给消费者提供更多价值来增加消费者为企业带来的终身价值。然而，这两种实现目标的方式，以及产生的价值的本质是完全不同的。

在数字品牌平台上：

（1）消费者会分享他们的购物体验、产品使用体验和其他与产品相关的事项，企业可以有效地利用这些信息。这一数据可能与某一次交易有关，也有可能只是一些附加信息，比如买东西时天气如何、买东西时的具体日期和时间。通过不断地收集信息，企业能提升自身市场细分的能力，敏锐意识到不同的消费群体会有什么样特殊的需求，并根据他们的需求相应地推出接下来的产品。

（2）消费者也能得到公司的回馈，获得额外价值。除了对顾客忠诚度的奖励，这份额外价值更注重体验感。其形式就是针对单个消费者推荐一些活动或其他配套产品；或者激励消费者行动起来，比如通过线上教练辅导他们锻炼身体，抑或提供一个平台，让有相同目标的消费者可以互相分享健身成果，等等。

（3）消费者提供的附加信息越多，获得的附加价值也越多。他们无须费力就能让企业提供更多个性化的产品和服务。公司收集的消费者数据越丰富，在管理系列产品和推进研发方面就越得心应手。消费者数据信息的输入会推动公司创新。

（4）最终，消费者和企业都能从"网络效应"中获益。随着网络效应对用户社区和产品创新的推动，品牌也能够不断自我发展和完善。它要么成为一个稳定发展的品牌，要么成为一个日益量身定制、精心策划的系列产品中的一部分。品牌之间的联系和有影响力的用户群体越多，可供分享和学习的经验越就有价值，消费者就越不容易脱离数字品牌平台。

重要的是，数字品牌平台颠覆了传统规模经济的模式。在数字时代到来之前，品牌是通过供应商的规模经济来发展壮大的。

"因为我比其他人生产皂粉的效率更高,所以我卖得便宜,自然也就卖得好。"现在,品牌仍需尽可能保证生产效率,但规模经济却来自消费者需求方面。随着收集到的消费者数据越来越多,企业能更加深入地了解消费者,而且能够凭借对消费者的了解以更具个性化的价值主张领导品牌构建。[21]

　　图 3.1 显示了随着品牌平台用户数量的增长和公司对消费者数据的利用,增加的用户会如何递加价值并为所有客户创造更多价值。其结果就是网络效应。图 3.1 表明当数字品牌平台越来越强大的时候,它就能容纳其他品牌和产品,促使它们加入这个平台。从这个角度来看,消费品公司对流动消费者采取了流动式的策略,满足他们的期待之后,激发他们更多的想法,然后再一一实现。品牌平台就是一个创造和交换价值的中心。整体的作用远大于部分之和。

> 每个平台都需要有一种吸引力。品牌就是一块吸引用户的磁铁,由于新增用户递加价值,共同创造者为整个生态系统的消费者创造更大价值来源,从而产生网络效应。

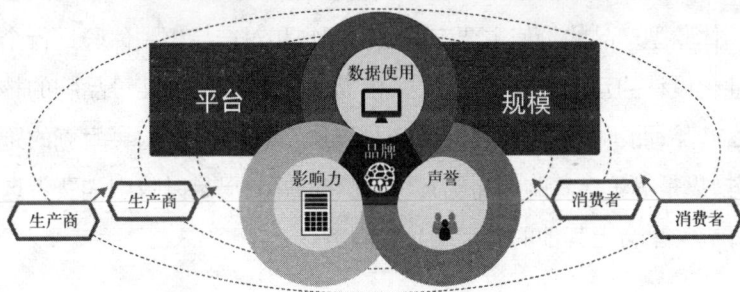

图 3.1　网络效应

数字品牌平台的结构

以位于图谱上实用性一端的产品——洗衣液为例。品牌管理者对这类产品的目标就是通过收集和利用信息逐步建立一个尽可能强大的数字品牌平台，但重要的是，还要构建或加入另一个配套产品的平台，从本质上创造一个附加值的动力来源。

首先，实用性产品平台上最有价值的部分可能就是互联产品，比如可以在加载运行和运行设置时捕获数据的洗衣机，或许还有能够监控这些设置并自动设定"接收"洗后衣物模式的烘干机。再进一步，洗衣机可以根据运行次数自动订购洗涤剂。洗衣机和烘干机的制造商会配套营销这些产品。对于消费者来说，选择整套产品——洗衣机、配套的洗涤剂，还有烘干机，比分别购买时性价比更高。而且因为这些设备能获取所有信息，然后有望分享给洗涤剂制造商，所以双方的利益（以提供信息挖掘洞见的形式）都在大幅增加。

该理念也同样适用于位于图谱体验端的产品，唯一不同点在于体验型产品的价值主要来自吸引用户和对产品相关体验进行个性化设计的互动性服务。过去，消费者可能只选择某一品牌的核心产品，而不涉及任何其他的产品和服务（比如，他购买耐克的跑鞋，只是简单穿着跑步而已）。但现有的好处已足以吸引消费者选择同一平台上其他的数字产品和服务。

考虑到这些情况，在搭建品牌平台的过程中，你需要考虑以下几大要素。

互联产品

这种智能产品可以在捕获数据后自动更改设置。以耐斯德室内恒温器（nest learning thermostat）为例，用户只须简单安装产品，在接下来的一周内根据个人习惯调节温度即可。他们可能会在晚上把温度调低一点，在白天又调高一点。又或许会在离家工作前调低温度，而回家后再调高。这款恒温器会记录下这些变化，并将这些变化纳入常规设置当中。由于产品内置传感器又能与用户的智能手机互联，该款恒温器还能"知道"用户的外出时间，用户也能远程调控室内温度。不仅如此，耐斯德室内恒温器还能记录能源使用情况，这样消费者就可以量化自己节约了多少能源，而且它还能在异常情况出现时发出警报，比如温度过低时水管可能发生破裂，或是提前预警暖气维修。[22]

互联产品组合

如果消费者拥有多个互联产品，衍生更多价值的可能性就会增加。从上面提到的例子来看，耐斯德品牌为消费者提供了恒温器的互补产品：nest protect（一款烟雾和一氧化碳报警器）以及nest cam（一款数字摄像头）。这三种互联产品能共享信息，还能通过智能手机将信息发送给用户。比如，nest cam 在与家庭成员的智能手机连接后，能在检测到屋内无人时自动开启记录模式。而且，该摄像头还与 nest protect 相连，当检测到烟雾或一氧化碳时，也会自动开始录制。当然，可以想象，在制造和管理这些组合产品时会遇到各种挑战,但对于任何市场内的前沿者而言,他们面对的都是一个风险与回报并存的环境。

交互式服务

交互式服务需要用户参与,会为每一个人带来独特的使用体验,尽管这些服务未必会影响与品牌相关的核心产品的使用。安德玛公司的联动健身(Connected Fitness)产品组合源自收购的MapMyFitness、Endomondo 和 MyFitnessPal 三大健身类软件,以及自身创建的 UA Record(一个用来记录睡眠、健身、活动和营养摄入的应用软件)和 2016 年初推出的 UA Healthbox 健身套装(包含体脂秤、心率带和智能手环)。该健身组合的所有产品都相互关联。安德玛全民健身社区中有 1.6 亿用户。[23]他们在使用安德玛或其附属品牌的任何产品时,可以选择继续使用安德玛的现有软件,或者将这些软件与 UA Record 连接,将所有产品和软件融入一种个性化的联动健身体验当中。

当消费者使用多个互联产品时,他们会与产品产生更多互动,也就能获得更多价值。安德玛通过提供这种互动性服务,从忠实客户那里获取了大量的健康和健身数据。

味好美的口味测评(McCormick's FlavorPrint)是又一大例证。调味品制造商味好美基于感官科学设计了口味算法,以此来推测用户的口味偏好。消费者需要在味好美官网上回答一系列有关口味偏好的问题(如是否喜欢黑咖啡? 蓝纹奶酪? 生姜?)然后,该算法会基于 33 种基本口味分析消费者的味觉,生成个性化的"口味印记"(flavor mark),从而为消费者推荐他们可能会喜欢的食谱。要想完善这些个性化的推荐,消费者可以进一步回答自己的饮食忌口、烹饪需求、厨房可用烹饪用具等问题。味好美把这款软件称为"体验美食世界的定制镜头"。[24]这款软件能让公司受益,因为它能激励家庭大厨尝试新的食谱,购买更多味好美的调味品。同时,在算法不断精准的过程中,消费者也能获得好处,他们使用该款软件的频率越高,FlavorPrint 就越能推荐他们喜欢并愿意多次尝试的食谱。

同辈社区

数字品牌平台上的用户社区受益于用户之间的直接联系和交流。这些交流未必会涉及品牌核心产品,很可能只涉及品牌平台用户之间的直接联系和交流。但是用户可以从他人对平台的使用中获益,而无须直接和其他人交换价值。耐克和安德玛这样的健身用具公司都能很好地说明这一点。这两家公司都建立了数字品牌平台,提供了各种与其他用户,还有众多公司互动的方式(分享跑步路线,联系教练和营养顾问,购买后评价产品,等等)。

其他品牌的参与

如果其他品牌的产品或服务与某个数字品牌平台合作,该平台的潜在价值会大大增加。再把品牌经理视为品牌管理者,如果品牌与合作伙伴紧密联系、协调发展,市场营销不费力、不过度,数据收集也在可控范围内,那么合作伙伴越多,为用户创造的价值也越多,而用户数量的增加也能吸引更多的合作伙伴(和更多的用户)。

数字品牌平台和数字平台业务之间的界线在这一点上开始模

糊。后者是中心,主要作用是促进消费者与产品、消费者彼此之间的联系。实际上,数字平台业务本身就是一种品牌,但未必需要依托于产品而存在,比如阿里巴巴(Alibaba)、亚马逊(Amazon)、脸书(Facebook)、优步和爱彼迎(airbnb),等等。

数字品牌平台建设方兴未艾

即使是刚起步的小型平台也能创造价值。对绝大多数消费品公司来说,好消息是:"你已经有了一个这样的平台。"我之前就提到,我想不到当今还有哪一家消费品公司不收集数据、不通过某种方式与消费者产生联系。在对平台概念有了更为客观和全面的了解之后,你可能会意识到自己有必要后退一步、调整一下现在的步调。但不管怎样,你已经有了一个开始,可以在这个基础上添砖加瓦。

如图 3.2 所示,建立数字品牌平台的两大前提是:① 采集数据(情报),② 参与度。

平台的建立在于网络效应的创造——整个过程是循序渐进的,从隐含的对等网络、明显的对等网络再到多边生态系统。

建立数字品牌平台的两大前提是:
1) 数据(情报)采集
2) 建立联系
如果缺乏联系的话,网络效应会很弱。
如果没有数据的话,生态系统的协调和匹配则不具备可扩展性。因此,平台进度指数考虑了这两大要素……

平台进度指数

	数据采集	独立价值	组合价值	隐性网络效应	显性网络效应	生态系统的创建
平台进度指数	低	低	低—中等	低—中等	中等—高	高
网络效应	NA	NA	低	低	中等—高	高
1) 采集数据(情报)	中等	中等	中等	中等—高	中等—高	高
2) 参与度	中等—高	中等—高	中等—高	中等—高	高	高

图 3.2 平台建立需要一个过程——最好依据平台进度指数来推进

　　如果你已经收集到了一些与客户有关的数据,你会如何利用这些数据?又能从中获得什么?再问一下自己,如果进一步深入研究的话,还能学到些什么?此外,如果想要再获取一点信息,需要怎么做?信息在哪里?你又该如何获取?

　　实际上,并非所有的平台都足够成熟,大多数的数字品牌平台都不能发展成平台枢纽,成为多个品牌交互的中心。不过没关系,最适合你的品牌和流动消费者期待的服务才是你的指路明灯。

　　你在规划平台发展路径时,一定要时刻牢记这些目标,并对风险和收益进行客观评估。然后,平台开发的过程会从一个难以实现的期望变成一场激动人心的旅程,在这个过程中,你可以同时兼顾多种选择,每一个选择都能成功带来收益,正如图3.3所示:

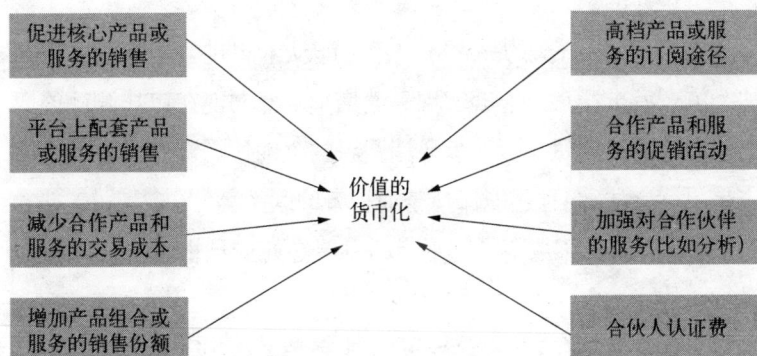

图 3.3　品牌平台能通过多种途径实现价值的货币化,寻求一种能将投资回报率(ROI)最大化的方法建立品牌基础

并不是所有互动都必须获得金钱上的收益,首要目的应该是增加平台与顾客之间的接触点。接触点增加之后,收益自然会随之增长。

数字品牌平台全面加载

随着越来越多的公司开始朝着打造或是加入数字品牌平台的方向发展,这些平台对流动消费者和消费品行业的全面影响将会逐渐凸显出来。数据是各个行业的通用货币。为了获得更高的客户终身价值,消费品公司需要直接或间接为消费者提供端到端的个性化解决方案,在吸引消费者的同时不断满足他们的期待。消费者流动的期待跨越了行业的边界。我们再也不能发表"电子交付平台是不适用于消费品行业的"这样的言论,因为消费者的期待是没有边界的。

10年前,味好美的品牌守卫者可能从未想过公司通过高级算法为消费者推荐食谱能够实现高速增长。然而现在口味测评的成功足以表明在消费品行业满足消费者的个性化需求和投资网络效应是可行之法,而且还能保持与消费者的联系。

图3.4显示了数字品牌平台的发展是如何从根本上影响消费品行业的。

下一章将站在流动消费者的角度来考虑这些行业效应。

平台服务于哪些对象?[1]	行业会如何改变?	会有什么样的商业影响?
消费者	消费者会要求个性化、多重选择和更好的决策支持	● 端到端的解决方案:能够为消费者提供端到端的解决方案,不仅限于品牌现有的产品或服务
零售商	消费者会愈发要求全面的解决方案	● 更高的客户终身价值和盈利:个性化和网络效应能够牢牢地抓住消费者
互补产品生产商	品牌平台将利用消费者数据涉猎关联产业	● 捕获生态系统中的商业价值:能够从一个大的生态系统中获得商业价值,不止局限于已有的产品或服务
硬件生产商	品牌平台还将游离于上游(使得生产过程智能化)和下游(与零售商竞争)	● 目前CPG行业的新收入来源:设计个性化和端到端的解决方案
软件开发者	品牌平台还会不断为其他业内人士建立标准、提供证明	● 价值链上游和下游的新收入来源:打造数据支持的上游制造和体现下游企业的消费者关系 ● 来自其他行业的新收入来源:捕获数据、出具证明、建立标准

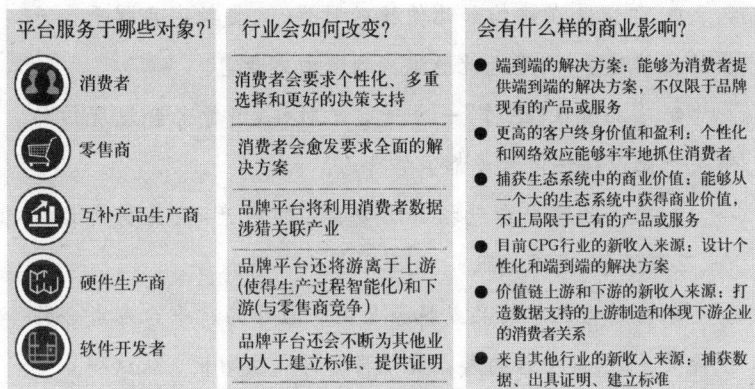

图3.4 数字品牌平台的影响

要点回顾

● 无论您的品牌位于体验感-实用性图谱上的哪一点,建立或者加入一个品牌平台都是必要的。

● 数字品牌平台是一种有利于消费者通过数字化联系为自己和公司从品牌当中创造和获取价值的社区环境。平台可以强调互动性服务,或者主要依赖互联产品。核心思想是每一种平台互动(无论是消费者与消费者之间,消费者与产品之间,还是产品与产品之间)都应该生成新的信息,为所有平台参与者带来好处。

● 数字品牌平台提供的连接越多,这些连接被使用的频次越高,就能生成更多的数据,也就能为消费者和公司带来更大的价值。这就是网络效应。网络效应能证明一个数字品牌平台是否发展成熟。

● 即便是在购物如此便捷的时代，只要数字品牌平台产生的价值越多，消费者就越难找到理由离开它。

● 当品牌在"运作"一个平台的时候，消费者会发现该品牌突然比以往任何时候都了解自己。

● 数字品牌平台包括如下要素：联网产品、互联产品组合、互联服务、交互式服务、同辈社区和品牌组合。

● 当其他品牌产品或服务与某一数字品牌平台形成合作伙伴关系时，该平台的潜在价值将会再一次增长。从这一点来看，数字品牌平台和数字平台业务之间的界线开始变得模糊。对于大多数品牌而言，建立数字平台业务从理论上来说有趣又励志，但却很难付诸实践。

● 你可能已经在利用数字技术了。当今世界，脱离了数字技术，品牌几乎无法生存。所以即使这一概念似乎令人生畏，你也要鼓起勇气。如果你已经收集和使用了任何有关消费者的数据，你其实已经迈出了第一步。

● 品牌守卫者应致力于创造品牌接触点。接触点能增强可视性，可视性又能进一步调动消费者的参与度，这种参与度随着时间推移能促进销售，形成一种良性循环。接触点在很大程度上决定了品牌在数字时代的生死存亡。

第四章
设计数字消费者旅程，不带个人偏见

　　个人的偏见会影响我们对流动消费者领域各种可能性的洞察力。在个人生活中，这无可厚非。不过，对于品牌决策者来说，偏见会让他们错失为消费者管理或打造品牌的机会，甚至是绝佳时机。

　　本章提供的方法可以帮助你改变现状。此方法会让你突破思维的桎梏，撇开偏见，从而客观地思考可以为你提供理性思维的全新视角，指出品牌的可行之路。

　　三组虚构的消费者——施里姆斯利一家（the Shrimsley family），千禧一代的西尔维亚（Silvia）和斯特法诺（Stefano），还有年迈的菲尔·德弗罗（Phil Devereux）和玛丽·德弗罗（Marie Devereux）——代表着三类最常见的流动消费者，也展现出当今消费者在生活中与各种品牌的多样交互方式。

要打造一个成功的数字化品牌平台,你需要"了解"你的顾客(还有目标顾客)经历的数字化旅程,还要先发制人,预估所有他们将来可能经历的消费者旅程。

你还需要从大处着眼。也就是说,不只了解你自己品牌的消费者旅程,还要了解同一时期其他相关品牌的消费者旅程。

这一问题决定了品牌的定位是着重体验感还是讲求实用性。理论上,消费品行业的所有高管对此都心知肚明。他们也清楚,为各个特定目标群体做规划时,合理组合线上和线下的消费者旅程是至关重要的。

但实际上,偏见思维对品牌守卫者的影响要比他们可能意识到的更大——或者说,他们发觉人们更容易接受偏见思维。无数文章和论文指出"认知偏见不利于我们客观评价信息,形成正确判断或做出有效决策……这在商业环境中尤其成问题"。[25]它们会多方面影响决策制定和商业计划,还有商情预测。比如,它们可能会导致决策制定者随大流或是查找确证他们现有观点的信息,从而使消费者旅程研究还未开始就已经存在缺陷。[26]

因此,最好让持不同观点的人展开头脑风暴式的讨论,共议关于流动消费者的旅程,这是一个抽象的概念,其中你可以发现与自己品牌的联系和成长机会。

为此,本章虚构了三种情境。在浏览下面三个情境时,你要迫使自己找出潜在的"接触点",将公司或某个特定品牌嵌入,从而实现与消费者的无缝交互,并在交互过程中获得价值,再尽力创造网络效应使消费者和公司的价值倍增。找到其他可供洞察的分析方法的使用情境和方式,找到目标消费者与你的品牌的独特联系方式。在下面情境中的消费行为,试着寻找你的品牌可通过平台提供的相关功能、服务和联系。

这些接触点还包括一些现在还不存在的点,可以用来填补现有消费者旅程的空缺。今天大部分真实生活中的消费者旅程并不像我们所认为的那般流畅连贯;在理想状态下,它们会从一个接触点平缓过渡到另外一个接触点,但是现实中它们往往容易在关键点上"中断"。有些接触点是我们目前还无法实现或想象的,但当代科技发展迅速,现在正是开拓思维和大胆设想的时刻。

即使你雄心勃勃,想要找到这些接触点,但在这个过程中对公司财务状况和当前实力的认知也会给你带来限制。尽量不要让自己受限。只有把眼光放长远,你才能清楚打造平台需要什么,从而充分利用你已经具备的条件、可以创造的条件和能够获得的条件。

我下面提出的三类消费群体的消费者旅程,每类分别对应不同的目标群体。如果你还在根据静态、垂直的品牌筒仓(数字化时代之前的常态)或者筒仓之间机械的联系(正如现在很多公司费力做的那样)来开发制定品牌战略,我希望这几个情境能够帮助你找到一些能让公司在更大的环境中发挥出色的领域。

同样,我也希望这三类消费者旅程会敦促你思考品牌制造商和零售商之间变得越来越模糊的边界,而且,在高度数字化的消费者眼中,这个边界越来越难以区分。至关重要的是产品本身,以及获得这个产品的过程有多简便易行或愉悦迷人。

情境 1：施里姆斯利一家

施里姆斯利一家四口住在利物浦植被茂盛的柴尔瓦勒(Childwall)区,他们是稳定的中产家庭。

周五晚饭刚过,施里姆斯利家的两个孩子,6 岁的奥利(Ollie)和 14 岁的贾斯汀(Justine)正在收拾饭桌,把剩菜和调味料放到冰箱。他们相处融洽;贾斯汀心情不错,她对弟弟奥利十分包容,虽然他做事笨手笨脚。

丈夫马克(Mark),47 岁,是位商务律师;妻子艾玛(Emma),43 岁,是位财务顾问。马克正在把餐具收拾到洗碗机里。而此时,艾玛正在隔壁房间,双脚搭在沙发上,拿着苹果手机(iPhone)浏览朋友们发布在脸书上的动态,同时在一家资助动物收容所的网站上给贾斯汀买件 T 恤衫,一会又回过头来跟朋友玩拼字游戏。忽然想到女儿明天要去朋友的新家玩,她又登进一家当地商店的网站,买了份乔迁贺礼,这样他们就可以在去朋友家的路上到商店把礼物取走。

第二天早上,艾玛坐在饭桌旁,在当地连锁超市的应用软件上列出购物清单。虽然是周六,但马克还要上班,他先把贾斯汀送到她朋友家去了(幸好他们没忘了先去取礼物!)。贾斯汀刚给艾玛发了信息;看起来他们在商店的时候还买了一些东西,贾斯汀几周后的周末会参加戏剧营,到时候要用到这些东西。贾斯汀还告诉妈妈自己在网上又订购了另外一件戏剧营要用的东西,她发短信说:"老爸说我可以买。"

上午 10 点,此时艾玛正开着车带儿子奥利去超市。手机提醒她下一个街区发生了一起交通事故,建议她走另外一条路,还推荐了一个中途停车点:一家新开的服装店,大约四分之一英里远,那有她最喜欢的健身衣品牌。那家店现在提供当地一位营养专家20 分钟的免费咨询,手机里的语音告诉她,当天晚些时候和明天还可预约。要确认预约的话,她到店里去一趟即可。

艾玛觉得很划算。她和奥利去了那家店,在店里看到自己喜欢的品牌陈列在显眼的位置,她很开心。而且,用健身俱乐部的会员卡还可以打折——这是个意想不到的收获;她之前还不知道这家店和俱乐部有关联。她买了一条运动短裤,预约了明天的营养师咨询。装运动短裤的购物袋里还附赠了一些样品,其中有蛋白棒、补水饮料,还有一张优惠券,她下次到店消费或者在线购物的时候可以用。奥利还拿到了一组微型人偶中的其中一个,上面有蛋白棒的标志。虽然还没吃过这种蛋白棒,但他已经知道这个牌子了,因为他的朋友都在收集这些人偶。他一直很好奇这些人偶是从哪来的,所以他特别开心能够集到第一个人偶。

他们到了超市。这家大超市的货架,每个长 50 米左右,全都装有无线智能信号,可与艾玛的购物软件进行通信。艾玛和奥利买东西的时候,手机里弹出一些优惠消息和超市平面图。她接收了一些消息,让奥利去找对应的商品。

忽然,奥利跑了回来。他知道那些微型人偶是从哪来的了:它们出现在一盒相对健康的零食上,零食的名字是“脆脆”(Crumbbbly)。艾玛眼睛一转,往购物篮里放了两盒。她知道买这些可以让儿子再得到一个人偶,还可以参加零食厂商举办的游戏。东西都买好了,他们往收银台去,艾玛的智能手机提供了很多便利,她在手机上划一下就可以支付。

艾玛一时兴起多买了几样东西——她要用这些东西做一道晚餐配菜——通常,她和马克都是叫食品杂货店清早送来的。上一单货有他们晚饭时要的所有配料,那都是他们前一天从丰富的菜单里挑选出来的东西,并都在他们指定的时间准时送达了。她很感激这项送货服务;如此一来,她就可以缩短购物行程,腾出时间在上午晚些时候做做园艺。

思考时刻

施里姆斯利家的四位成员,甚至是奥利,仅在一天内就与众多品牌、制造商、电子商务和实体店有接触,无论当时他们是在厨房还是客厅,是在车上还是商场,抑或在他们家的花园或马克的办公室里。他们可以接触到众多品牌,这些品牌利用多种激励措施以保持他们的品牌忠诚度和建立新的客户忠诚度。施里姆斯利家除了奥利都具有一定的经济独立性,他们的消费者旅程也有时候会重叠。

他们大部分时候都在实体店购物。在线交易以及他们与各种产品、服务和公司的互动都与消费者体验密不可分。通过这些联系,有些公司得以收集到重要的数据,这些数据包括消费者的习惯、偏好和期望。这给所有合作品牌都带来了利益,但愿也对施里姆斯利家也有好处。

如果施里姆斯利一家代表了你的目标市场的话,你的品牌会如何融入他们家庭生活的这个片段? 你的数字化平台能够获取到他们的信息吗? 怎样才有可能进一步提升他们一家的消费者旅程呢? 对于像他们这样的消费者,你有没有忽视什么?

情境 2: 千禧一代的斯特法诺和西尔维亚

斯特法诺和西尔维亚一起住在意大利米兰的托尔托纳(Tortona)区。他们二十多岁,还没有小孩,很时髦,喜欢独立摇滚音乐会。斯特法诺喜欢打游戏,而且和他们同龄人一样,他俩也都爱风筝冲浪、排球和骑自行车这些户外运动。斯特法诺是一家手机店的店员。西尔维亚一边在餐馆做兼职,一边读大学。

这是某个周三的上午 8 点 24 分。斯特法诺,胡子修得很细致,发型时尚,正坐在地铁上玩手机打发时间。他登录脸书,发现可以领一张洗护品牌 Peeekbeeerd 的优惠券,能兑换一排新的剃须刀片。他需要先在线填写个人信息表格。这不是很方便,他输入了一些错字(毕竟,地铁比较摇晃),但他还是完成了这个表格。

下地铁后,他碰巧经过一家 Peeekbeeerd 的专营店,在那儿用折扣价买了剃须刀片。他在这家公司的客户管理系统登记了自己的电子优惠券,之后再来买东西就可以识别他的身份。斯特法诺接着开始他这天的工作。

现在是周四。正当斯特法诺和西尔维亚要离开公寓的时候,斯特法诺的手机收到了一封邮件:"尊敬的斯特法诺先生,请您观看此教学视频——如何打扮得像一位英国绅士。"他点进了一个个性化的登录界面,找到这个两分钟长的视频,看完后在脸书上点了个赞。然后他照了照镜子。西尔维亚有点不高兴,问有没有准备好,提醒他 10 分钟后就要和朋友见面喝东西了。他把手机放进口袋,两人出发了。

周五上午,斯特法诺辛苦工作了几个小时,然后在午休时间查看了手机上关注的博客。在一篇关于自行车的文章旁边,他发现了一则邀请参加薄荷冰微笑比赛(Mint Ice Smile contest)的广告,推广新的牙膏品牌 Mint Ice,这是一款复古风格的牙膏。这款牙膏的设计恰好是斯特法诺喜欢的风格,所以他报了名参加比赛,并下载了一张可以获取免费样品的电子优惠券。

下班后,他坐在咖啡店里,参加了这项比赛,比赛的最高奖项是迈阿密双人游。他要做的就是拍张自拍照,上传到这款牙膏的网站,然后通过 WhatsApp 让朋友给他投票。

这时,西尔维亚已经在手机上收到了一个啤酒节的邀请,时间就在下个周末。信息如下:"西尔维亚,你好!夏天终于到了!还有什么能比在艳阳下来一口冰爽又美味的啤酒清凉一下,和朋友们放松放松更舒服的呢?来我们周五的啤酒节吧,就在米兰达森纳(Darsena)的纳维格利(Navigli)。有很多摇滚和独立乐队哟。"

西尔维亚是这个啤酒品牌的忠实粉丝,她收到这封邮件是因为之前在该品牌的网站上注册过。轻触手机屏,她就登进了这次啤酒节的网址,在上面可以获取更多关于乐队阵容的消息,还可以注册感兴趣的子活动。她也给斯特法诺和一位大学朋友发了消息,得知他们也感兴趣而且那天有空,就给他们也订了票。

一周后,他们三人参加了啤酒节。他们在不同的摊位进进出出,一刻不用停留,只需要扫一下西尔维亚给他们注册时收到的二维码即可。如此一来,啤酒公司就可实时追踪他们在啤酒节的情况。

在一个啤酒摊位上,西尔维亚尝了一口新品啤酒。那种啤酒很好喝,她马上就发了一条推特:"#柠檬姜啤(GingerLemon beer)绝对震撼全场!"这条推文登上了啤酒节巨大的宣传屏幕,随即她就收到了通过邮件发来的奖品——一张新品啤酒的优惠券。

啤酒节结束后第三天,在工作的间隙,西尔维亚观看了一个音乐视频,那是她最喜欢的阿黛尔(Adele)的歌。视频开始前,有一小段介绍柠檬姜啤的广告。回想上周的啤酒节,她开心地笑了,然后一时心动,决定从邻近的商店为朋友卡拉(Carla)明天的生日定制一个个性化礼盒。她知道那家店有柠檬姜啤,而且如果她花上几分钟在线告诉店家卡拉偏爱的口味,店里就会有针对性地准备好由各种商品组成的礼盒,一起送过来。手机响了,是斯特法诺。他说下周有一场骑行。可是他手机上又来了一条提醒消息。"实际上,"他说,"骑行得延后了,看起来我们要先去迈阿密……"

思考时刻

这类消费者旅程是为西尔维亚和斯特法诺这一代的社会人群量身定做的,其最突出的特点就是消费者洞察与商家展销活动的高度结合。斯特法诺和西尔维亚都不到30岁,对于这一消费群体来说,可以最大化地运用先进的数字技术——比如,运用社交媒体。所以那家啤酒公司推出了一项交互服务,西尔维亚可以通过这项服务安排自己的社交日程,个性化定制自己的啤酒节体验,以及直接与其他用户联系,就像她发的关于柠檬姜啤的推文不仅仅显示在手提电脑和手机上,还登上了啤酒节的大屏幕。

只有 40％的年轻流动消费者亲自到实体店购买商品和服务,但是,他们的确花了不少时间和金钱在餐馆和咖啡厅消费。他们主要的购物渠道是智能手机和平板电脑。他们甚至习惯于通过游戏机买东西。

对于这个年龄层的群体来说,这是很典型的情况,他们都喜欢通过自己的移动设备来体验喜爱的品牌。他们愿意接受优惠方案而且乐于在品牌上注册个人信息,分享个人的数据,他们知道这些品牌会根据数据来优化他们的消费体验,以便在下一个接触点提供更细致的服务。

事实上,斯特法诺和西尔维亚对参加社交媒体的事件互动营销没有任何疑虑。他们对此充满期待,而且现在看来,这一切肯定会让他们的周末充满有趣的体验。

情境 3：退休夫妇

下面是来自美国东北部的德弗罗夫妇,他们住在马萨诸塞州西部。菲尔和玛丽都年近 70 了,夫妻俩有一个儿子,叫文森特(Vincent),35 岁,住在大约 3 个小时车程远的波士顿。文森特和他们的关系很好,经常保持联系,并且尽力照顾他们。

玛丽之前是一所小学的校长，菲尔之前是一家餐厅的老板，他们才刚刚退休颐养天年，住的地方离两个充满生气的大学城不远。他俩都喜欢散步、DIY、园艺、宠物、美酒和美食。

周一上午 8 点左右，玛丽在 MacBook Air 上读文森特发来的邮件，邮件内容是营养补品 Omega3GreatFull 赞助的一个项目："老妈你好！我看见你的朋友麦克昨天和一群穿着红色 T 恤的人在跑步。我和他们聊了一会儿，他告诉我他们在参加一项 Omega3GreatFull 食品和跑步的实验。你听说过这个吗？"

玛丽随即感到好奇，于是用 Skype 与儿子联系，他们聊了一会儿。

玛丽用谷歌（Google）搜索这个品牌，查到的结果数量庞大，让她大吃一惊。她点击赞助商链接，登录这个品牌的网站。在售卖健康产品的界面旁边有一个聊天功能，可以连线健康专家，还有很多关于健康生活的文字内容。整个网站设计得很有吸引力，菜单栏的结构也为玛丽这个年龄段的人做了优化（比如，字号比较大），更具亲和力和吸引力，谦逊有礼。她决定登记老年人的运动信息，在跟菲尔确认之后，也给他做了登记。然后她给麦克发了封邮件，告诉他那件红 T 恤已经形成一道风景线，引起了轰动。

周一晚上，菲尔用笔记本电脑计算每个月的退休基金。然后查收到一封来自 Omega3GreatFull 的邮件：

菲尔先生，您好！

欢迎成为 Omega3GreatFull 团体的新成员，为表达对您的诚挚欢迎，我们将送您一张在线消费优惠券，可在我们合作伙伴的电商网站使用，网址是：HealtyO3Nutrition.com。您的优惠码是：

Healthy3。和朋友们一起锻炼会更有助于身体健康,请尽快加入我们,和我们一起散步和跑步吧。我们期待您的到来。

菲尔登录这个网站查看了上面的产品,但是他什么都没买。他之前的网购体验还挺愉悦,但是对新产品还是有些迟疑,在陌生的网站上交易更是让他不放心。

不管怎样,玛丽已经给他注册过了,所以他就不需要想出个新的密码或是做其他烦琐的事情。在玛丽的鼓励下,他报名了一次散步活动。这家公司在附近的两个大学城各有一个散步和跑步俱乐部。"都是上了年纪的教授吗?"他想,摇了摇头。但是他很期待这场活动。两天后,他收到了邮寄来的红 T 恤。

思考时刻

菲尔和玛丽都不属于数码一代。他们超过 80% 的东西都是在实体店买的。网购都在笔记本电脑上进行。玛丽只用智能手机买过一次东西。

因此,这样的情况看起来不足为奇,Omega3GreatFull 与这对夫妻的首次联系是口头完成的(这是他们儿子偶然遇到他们的朋友带来的结果)。不过,文森特会注意到麦克,还是因为麦克当时穿着一件印有明显标志的 T 恤,和他一起的那群人都穿着同款衣服。其实,文森特看到的是一个巨大显眼的广告;麦克只是这幅广告的"一部分",文森特认出他来对这家公司来说是一种额外的收获。

文森特与麦克的偶遇促使德弗罗夫妇使用了 Omega3GreatFull 的接触点，即这家公司的网站。这个接触点让他们得以接触到该品牌的同伴社区。这足以吸引他们打开与该公司联系的渠道，并且菲尔能够通过这个途径认识一群志同道合的同龄人。所以，虽然和他们的儿子比起来，这对夫妇对与品牌的复杂数字对话不那么感兴趣，但是他们也正享受着数字建构的消费者旅程。

与其回顾要点，不如学以致用……

上面三个情境展现出一个充满与消费者建立联系和密切关系机会的世界。但是这几个情境只描述了这些目标群体行为的一个方面。而且，它们显示的情境都是正面的，没有出现这些消费者可能遭遇的挫折：送货延迟，商品质量差，或者在线下单失败。总之，这些都只是静态的情境。谁知道这些人将来和这些品牌之间的联系会是怎样呢？

你也许会遇上。

如果你设计出和消费者建立联系的"假使……怎么办"的情境，识别可能与你的品牌相关的接触点而且对这些接触点加以利用，那么你将会得到非常重要的竞争优势。正如苏珊·富尼耶（Susan Fournier）在接受《大西洋月刊》（*Atlantic*）采访时谈到她在 1998 年发表的一篇非常有影响力的文章——《消费者和品牌：在消费者研究中发展关系理论》（*Consumers and Their Brands: Developing Relationship Theory in Consumer Research*）。

　　我们了解到,品牌的实质是不能被营销者定义且被 30 秒广告所强化的内在特性。人们的生活计划、身份构建、生命主题、当下关注、群体行为等,都为品牌产生意义提供了视角。[27]

　　世界上有千千万万像施里姆斯利一家、德弗罗夫妇俩,还有西尔维亚和斯特法诺这样的消费者,他们期待着你的到来。可能他们对你的品牌十分熟悉,也可能还不了解。现在的机会就是,他们正在使用你所在的商业平台。甚至他们也许在使用你将加入的数字品牌平台。也许你的数字品牌平台可以填补他们购物体验的空白。几乎可以肯定的是,即使是在不远的将来,他们可能还无法预料你可能会给他们带来什么,你会如何与他们建立联系,或是如何通过你的品牌来改善他们的生活。

第五章
制造商与销售商边界模糊，如何站稳脚跟

消费者和数字力量正在推动着消费品公司的发展变革，同时，也毫不意外地颠覆着多年来一直处于危机中的零售业。

尽管一些零售商一个接一个地倒闭，但另外一些却势头正好，并且新创立的零售品牌也在这个瞬息万变的环境中占有一席之地。

这些富有远见的零售商值得密切关注，因为他们在解决自身面对的问题时，也给消费品公司提供了机会，让消费品公司通过越来越成熟的合作伙伴关系来巩固其数字品牌平台。同理，这些零售商能够掌控消费者的注意力，还能引导消费，这又可能带来实实在在的威胁。

虽然在上一章我们提到斯特法诺和西尔维亚、玛丽和菲尔,还有施里姆斯利一家,他们都有非常正向的消费体验,然而其他消费者——跟上面这些人相同社群的消费者,其他地区的消费者,以及其他国家的消费者——可能就没那么幸运,尤其是在和零售商进行接触的时候。也许是因为客户服务质量不高让他们很失望。也许因为商店缺货,他们进店时拿着一张满满的购物清单,离开时却只能买到单子上三分之二的产品。也许,消费者受越来越高的心理期待所驱使,想要寻求更好的消费体验,而零售商却不知该如何满足。

这对消费品公司来说至关重要,因为随着制造商和销售商之间的界限越来越模糊,零售体验越来越能反映品牌的状况。由此看来,你的产品零售商可能是值得信赖的战略伙伴,也可能是阻止消费者和品牌愉快且高效接触的障碍。

因此,消费品公司需要保持高度警惕,需要留意零售商面对消费者的举措是否得当,不当的举措会让消费者疏远它们的产品。要去寻找机会和那些积极主动、具有前瞻思维的零售商建立合作伙伴关系,这些零售商懂得如何最大限度地利用数字技术为自己及其销售的品牌获利,消费品公司还要懂得如何在品牌组合中站稳脚跟。

了解这个过程首先要调查零售市场环境。

丧钟是否再次敲响?

多年来,实体零售商一直在抵制分析师和媒体发出的所谓实体零售经济正在消亡的消息。但是从某些角度来看，丧钟的确已经敲响。例如，从2015年美国零售商的情况来看，无线电器材公司(Radio Shack)关闭了1 784家门店，欧迪办公(Office DEPOT)关闭了135家门店，阿贝克隆比 & 费奇(Abercrombie & Fitch)关闭了60家门店(英国在2014年平均每天有16家店倒闭)。[28]

英国BHS百货公司(British Home Stores)是另一个实体零售商倒闭的例子，最近频登头条。这家百货公司在英国已经拥有88年的历史，它是继沃尔沃斯公司(WOOLWORTHS)在金融危机最严重时期陨落之后英国零售业最大的倒闭案。一旦存货清仓完毕，预计BHS百货公司的164家实体零售店将会全部关闭。[29]BHS百货公司未能赶上时代潮流，与其产品供应和销售渠道都脱不开干系。更要命的是，BHS百货公司对新的数字化产业格局没有任何应对措施，而是继续依赖庞大的实体店版图来保持运营。BHS虽然是商业街的支柱商家，但因其销售的产品毫无特色、价格平平，所以会被特易购(TESCO)和宜家(IKEA)这些更成熟的竞争者超越。[30]

当我在写这本书的时候，美国的体育用品零售商SPORTS AUTHORITY正在进行破产结算。这家公司自10年前经历杠杆收购之后就一直在债务压力下举步维艰。它的老对手，比如迪克体育用品公司(DICK'S SPORTING GOODS)，却依靠出色的到店购物体验和技术力量脱颖而出。新的竞争势力——来自传统零售商[盖璞集团(GAP)，塔吉特公司(TARGET)，科尔士百货公司(KOHL'S)]和电商领头羊(亚马逊)——同样在抢占SPORTS AUTHORITY的市场份额。2016年1月，SPORTS AUTHORITY

未能偿付 2 000 万美元的债务利息,随后便被美国法院列入破产名单。[31]截至 2016 年 5 月,SPORTS AUTHORITY 已经进入清算阶段,重要的是,人们认为 SPORTS AUTHORITY 破产是安德玛公司和耐克公司股价下跌的原因之一。[32]

展望未来,实体购物的前景并不乐观。考虑到将来可能有 3 000 亿美元的消费转移,世界经济论坛(The World Economic Forum)预测累计 10％的实体店将在未来十年内关闭。与此同时,到 2018 年,顶级电子商务公司按收入计的利润预计增长 50％以上。[33]在亚太地区,电子商务占零售额的比重有望从 10.2％上升到 2019 年的 20.4％。在 2015 年,亚太地区的数字消费者占总人口的 22.5％,占全球数字消费者的 48.6％。到 2019 年,预计亚太地区数字消费者占总人口的比例为 34.7％,占全球数字消费者的 55.1％。[34]

然而……在因为艰难处境而频登头条的同时,一些传统的实体零售商正在想方设法吸引和留住顾客。一些商家打造了非常成功的混合运营模式。还有一些商家甚至重新审视他们自己的品牌定位,根据流动消费者的消费行为和偏好开辟出前所未有的细分市场。

下面看一下沃尔格林公司(Walgreens)的案例,沃尔格林是美国最大的连锁药店。沃尔格林的目标是"成为美国最受欢迎的医药、保健、养生和美容产品零售商"。查尔斯·沃尔格林(Charles Walgreen)于 1901 年在芝加哥买下第一家店面,到 1953 年,沃尔格林已经成为全美最大的自助零售商。通过一系列收购与合伙,沃尔格林在 20 世纪不断发展,进入 21 世纪,在数字化机遇中先行一步，于 1999 年创建网站 Walgreens.com。2012 年，沃尔格林收购欧洲健康和美容产品零售商联合博姿公司（Alliance Boots）45％的股份；2014 年末，它买下剩余 55％的股份，创建沃博联集团（Walgreens Boots Alliance，WBA），从而将美国最大的连锁药店之一、欧洲零售药店领军企业、国际顶级的批发和经销商三者合而为一。[35]令人感到惊讶的是，联合博姿的首席执行官斯特法诺·佩希纳（Stefano Pessina）很快就成了新公司的首席执行官——不少前沃尔格林的高管都觉得"这个标志性的美国品牌是用自己的钱把自己卖了"。佩希纳在制药售药领域有着成功整合其他竞争者的业绩，他上台后接着就继续兼并扩张，2015 年 10 月开始收购另外一家美国的零售药房来德爱公司（RITE AID）。[36]

沃博联集团不仅寻求扩大实体店版图，还投资打造易操作的数字化平台来提高在线和到店的消费体验。总之，这家企业正在构建自己的数字化品牌平台。

沃尔格林公司的前首席信息官提姆·特里奥特（Tim Theriault）自 2009 年进入公司以来就一直推动信息技术和业务的结合，重新打造一个数字化的会员制度，试用无线设备提高药店的消费者服务。[37]沃博联集团开始使用数字技术提高药店客流量，增加收入来源，提升到店消费体验。为使线上线下购物体验无缝衔接，沃博联集团利用数字化手段提高药店客流量和营业额；沃尔格林公司发布报告称，48％的线上访问者的下一步就是前往实体店，而且在线联系沃尔格林公司且又到店消费的顾客要比单纯到店消费的顾客多花 350％。这听起来很反常，但是沃博联集团通过一项传统的模拟式服务——打印照片，增加了数字化收入来源。顾客可以使用沃尔格林或博姿的应用软件,从他们的相机胶卷或社交媒体平台上选择照片打印。最后,博姿提供了一项更加高级的到店数字化体验,给英国的每位店内员工配备 iPad,这样他们就可以直接帮助顾客获取产品,得到现货明细、药品评价和配方信息。而且,博姿还提供了一项名叫"汝之美"(Beautiful You)的在线与到店相结合的个性化美容咨询服务。[38]沃博联集团并非一步未错,为了实现战略升级并将资源集中在一个网站(Walgreens.com),沃博联宣布将关闭五年前收购的纯在线零售商药房网(Drugstore.com)。[39]很明显,沃博联集团优先考虑数字化投资,从目前来看,它将来会带来更多服务。

零售商具有前瞻性的十大表现

像沃尔格林公司这样实力雄厚、思维超前的零售商就是我们要观察的对象。他们的举措会激发你去打磨产品上市的战略并且给出一些建设性的意见帮助消费品公司和零售商建立更加完善、强劲和互利的关系。

举个例子来说,产品可得性对实用性品牌的守卫者至关重要。如果消费者在某个渠道买不到你的产品,那么你就错过了一个机会。关键还是要让你的品牌独具特色,使其成为消费者追加订单的首选(在这种情况下,产品可得性就起着另一种重要的作用,因为缺货是损害品牌信誉的杀手)。强大的零售商会致力于定制消费体验,你也许想要使品牌标准化,或是建立与延伸产品的关联。

例如，如果一个关注健康领域的零售品牌对你的品牌来说十分有利，你也许会想要评估自己的品牌是否适合有健康意识的消费者；如果适合的话，是否可以打造相应的品牌形象，如此一来，这类零售商就自然而然会接纳你的品牌，甚至当你为消费者"推出"一系列产品时，会和你一起去提升品牌。

消费品品牌在注重消费体验的同时，还通过打造新型线上线下零售关系来获益。问题是：是否有机会和零售商合作，共同开发一款产品？是否有机会一起打造消费体验？

在这两个问题的情境中，收集和共享数据的机会不过就是开几场白板会议的事情。以前，零售商"拥有"数据。现在，你也可以收集和管理自己品牌的数据，如果你可以转移一下关注点，不只是把零售商看作供应链上必要的环节，而是把它们当作新的数字化信息战略中不可或缺的一部分，就有可能实现真正的协同效应。如果你打好了基础，你就可以将利用资源、获取信息和领导品牌结合在一起。

请记住，零售商自身也面临一些和消费品公司相同的挑战。周围越来越多像亚马逊那样强大的竞争对手，它们也在苦苦支撑。而且，它们还面对你们这样的制造商带来的竞争——制造商要么进军电商，要么可能会打造品牌驱动的实体零售环境。

现实如此，打败竞争对手的最好方法很可能就是想办法加入它们。在上一章，我们讨论了网络效应潜在的巨大回报。现在就有一条通往这个目标的道路。下面简要罗列出这个时代最精明的零售商的行为表现。在阅读的过程中，请你考虑下列问题：你的产品该从何处着手？你的品牌如何通过提高消费者的价值主张来

推进自己和零售商的目标？大部分品牌都在打造消费者的线上和
到店的消费体验，想以此脱颖而出。你的品牌能带来这样的消费
体验吗？

如今，具有前瞻性的零售商会：

1. 突破数据分析能力的极限

想一想：在美国，各种活动都有其特定的在线场所。看视频，
你可能会上 YouTube；分享文章，你可能会上推特(Twitter)；查询
信息，你可能会搜谷歌；买东西，你可能会去亚马逊。

亚马逊没法知道有谁在 YouTube 上看了什么。但是，随着越
来越多公司达成合作并调动数据的力量，这些边界正变得越来越
模糊。比如，如果某个人在里昂·比恩集团(L.L. Bean)的网站搜
索了立式单桨冲浪板(Stand-up Paddleboard)，然后登录脸书，总
会弹出推广里昂·比恩立式单桨冲浪板的广告。

在亚洲，至少对阿里巴巴来说，这个边界完全不存在。在阿里
巴巴，一个"超级用户 ID"可登录多个不同社交媒体平台，而且在
一个生态系统中就可以获得众多购物机会。所以，当有人观看新
产品的视频时，产品公司可以知道是谁观看了该视频，给这位顾客
发送消息，询问是否想要购买这款产品，或者要不要多了解一下。
研究表明，中国用户平均每天花在各种视频和社交媒体更新内容
上的时间为 20 分钟。所以想象一下这家公司收集的数据会有多
少，它会怎样利用这些数据来掌握消费者的想法和诉求。消费者
的世界——不论在大层面上，还是在非常细致的层面上——对零

售业巨头越来越透明。

日本时装零售商优衣库(UNIQLO)提供了一个完全不同的范例。利用数据分析，优衣库不仅打造了定制体验，还通过"UMOOD"智能选衣服务打造了亲密体验。

让我们来了解一下 UMOOD 是干什么用的：假设你是一位住在澳大利亚悉尼的 23 岁男子。你追随热带潮流，喜欢把自己的衣橱打造成热带风格。某个周六下午，你走进悉尼皮特街(Pitt Street)的一家优衣库门店。一开始，店里挂出的各式各样的衣服让你有点不知所措。然后店中间一个平滑光亮的装置吸引了你的眼球。它有一扇门那么大，简单的长椅前装有一个屏幕。你有点好奇，所以过去坐在椅子上，戴上那里的头戴式设备。如此一来，你就在自己的前额安装了和这个装置连在一起的小传感器。突然，那块屏幕亮了。紧接着，你看到了一系列短的(10 秒)视频片段，代表着不同的心情，比如"心情很好"或者"情绪激烈"。除此之外，你还看到粼粼波光，一只小狗，还有一个人在吹彩色纸片。

在你观看视频的时候，头戴传感器记录下你的脑电活动，就像在医疗领域用脑电图(EEG)每 20 秒记录一次数据一样。没多久，这份个人数据经由一组脑科学的算法处理，以此确定你的感觉。这组算法可以确定你的脑电波发出的信号是"感兴趣""喜欢""专注""有压力"，或者甚至是"困倦"。[40]

在这些场景背后，优衣库已经把每件可售出的 T 恤进行分类，而且分别对应某种情绪。一旦店里的机器确定了你的心情，这个巨大的屏幕会再次亮起，展示四件经过精心挑选的优衣库时装，颜色和款式都符合当下你的心情。[41]

虽然 UMOOD 的推荐不会百分百准确,但是它让购物体验变得有趣,帮助顾客导览更多选择。一家消费品公司希望利用相似的数字应用来推荐啤酒、食品、葡萄酒、洗发水,等等。这些数字技术不仅让消费者和品牌建立联系,还让品牌公司获取到关键的神经营销(neuromarketing)数据。

2. 试验新的营销组合

目前,零售业的营销手段仍旧局限于大众印刷媒体。营销对策常是由消费品的供应商提供资金支持,受其影响和操纵,并根据商业准则在狭窄的筒仓中施行。

在一个线上线下购物无缝衔接和充满数字化挑战的环境中,品牌商需要寻找从传统市场推广转向针对性更强和全渠道式(omni-channel)营销的零售商,要在移动优惠券领域寻找更多活动,探索全新的会员卡概念,用数据主导奖励,进行相应个性化设计,以及多渠道统一管理。Adroit Digital 公司 2015 年 5 月通过对北美互联网用户的调查发现,18 岁及以上的受访者中,看到店内信标(beacon)或是数字显示器上的个性化内容就更想购物的人占 85%。[42]

例如,塔吉特公司的 cartwheel 软件帮助顾客把使用移动优惠券变成一件易事。塔吉特公司报告称,这款软件有上百万用户,自 2013 年软件发布以来,这些用户省下的钱超过了 4.75 亿美元。这家公司还启用了店内信标,通过这个软件给顾客发送推荐商品和特价商品。该软件最初主要提供的是店内商品的小额折扣,包括塔吉特公司自己的系列产品。但是,2016 年初,这家公司宣布要扩展这款软件的功能，同样支持制造商的数字优惠券。塔吉特没有直接和制造商协商，而是和数字优惠券的第三方提供者QUOTIENT 公司合作，直接进入制造商优惠券的数据库。[43]

3. 保持本地化

本地化就是依据当地供需状况调整商品种类，依据地区市场情况调整价格和其他功能。本地化正在成为和那些重视"真实"体验和产品的顾客建立联系的方式。

美国高端超市 WHOLE FOODS 已经把本地化采购纳入企业使命，作为与顾客建立联系的一种方式。该公司在美国、加拿大和英国实施"本地觅食者（Local Foragers）"计划，为本地商店搜寻当地种植、饲养和生产的最佳特色手工食品。这些本地觅食者还跟他们认证的小企业合作，帮助这些企业在更大的零售业态中取得成功。除了为顾客带来新鲜高质量的产品，WHOLE FOODS 的本地化采购还打造与当地社区的联系，在保持本地特色、促进作物多样性，以及支持本地经济发展方面做出了贡献。同时，因为WHOLE FOODS 无论是货架还是外墙的装饰画都主打本地产品，所以这家超市的顾客对这些产品十分了解。[44]这家超市的运营模式适合这种商店/州府/区域自治方式。购买本地商品的决定在商店层面即可完成。WHOLE FOODS 知道，顾客大多眼光敏锐、心系社会，而且愿为符合他们价值观的产品多花钱。"保持本地化"能引起这些顾客的共鸣。

虽然连锁零售商几十年来一直都在将商品种类本地化，但是它们现在把这一举措提升到了新高度。利用先进的数字化技术，一些零售商显著提升了社区互动和基于位置的服务,并将自己嵌入到顾客的生活方式当中。

4. 关注订单履行的流动性

如果这款产品在店里买不到,那么这家店还会给人宾至如归的感觉吗?

在一些零售环境中,这个问题的答案是"会"。在其他的环境中,如果答案是"差不多",那也还是不错的。

没有哪个零售商希望看着顾客的眼睛说抱歉,无法提供他们想要的产品,而且事实上,顾客会宁愿从亚马逊订购,这样还能更快拿到货。

这就是为什么一些公司,比如美国的目录零售商爱顾(Argos),推出了当日到货计划,该计划背后有 10 000 个存货点的支持,采用中心辐射式物流配送模式。这也是为什么其他的零售商通过诸如优步、美国同城快递公司(POSTMATES)、英国当日递公司(shutl)或是印度生鲜电商(GROFERS)之类的众包型合作伙伴试验配送服务。

而且,这也是为什么零售商想要效仿最佳在线购物情境所提供的便利性,并取得了不同程度的成功。美国零售商塔吉特公司和购物软件 Curbside 合作,在一些超市里让顾客在线列出自己的购物清单,然后在停车场取这些全都打包好而且支付过的商品。

相关的举措还包括一些零售商对配送体验的提升。比如,女性时装初创企业 LaModa 已经把配送司机变成销售业务员和客户顾问，通过打造一种完整的居家购物体验来维系顾客关系。LaModa 最初在俄罗斯运营，俄罗斯的邮政服务一向不受人们信赖，所以阻碍了电商发展。这家公司雇用的销售人员同时兼任配送人员，由此解决了这一问题。订单送到顾客家里之后，顾客有15 分钟的试穿时间，同时从销售人员那里获得造型建议，然后买下他们想要的产品，并把其他衣服退回给配送人员。[45]

亚马逊提供了一个不仅是流动履行订单的实例，还是一个从购买想法产生到订单履行的全部流动交易过程。亚马逊 dash 按钮系统和亚马逊 echo 系统就是亚马逊这家电商巨头的两个范例，这两个系统能让顾客在需求产生的当下就能下单交易。这两个首创系统真正突显了装配线的活力，这条线出自公司"永远在尝试"实验团队。一旦这两个系统获得了顾客的青睐，就有足够的实力、动力和创造力给传统零售业再带来一次重击。

前面提到的 dash 按钮系统是一种装在顾客家中的设备，放置在顾客最喜欢用的消费品产品旁边，产品快用完的时候顾客只须按下这个按钮。比如，父母在存放尿布的地方安了一个帮宝适（Pampers）按钮（假设他们家用的就是帮宝适）。他们在存放洗碗机清洁剂的地方安了一个代表他们最喜欢的清洁剂品牌的按钮。这个设备只有火柴盒那么大，通过顾客家里的宽带路由器直接向亚马逊的物流算法程序发送无线信号，生成订单，补足顾客的储备。亚马逊的 dash 补充系统已经将这个流动配送的概念往前推进了一步，这个系统利用联网设备感应补货需求，然后直接从亚马逊上订购产品。比如，碧然德（BRITA）水壶能感应出什么时候过滤器需要更换，然后自动下单。[46]同时，亚马逊 echo 系统是一个智能程度更高的个人助理,随时准备回应用户对最新路况、时事新闻、产品搜索和当地商业评论的查询。

一些零售商原本不是在数字平台上运营,现在反而和数字颠覆者一起履行流动订单。再拿 WHOLE FOODS 作为例子。随着来自亚马逊生鲜配送(amazonfresh)、生鲜直达(freshdirect)和皮波德公司(Peapod)等食品杂货服务的竞争压力越来越大,WHOLE FOODS 找到了满足顾客便利需求的办法,即和基于网络的食品杂货配送服务商 instaCart 合作。这两家公司同意将 instaCart 的顾客定位到 WHOLE FOODS,免去这些顾客需要跑去商店的时间,而且 WHOLE FOODS 的顾客也能更快收到订购的商品。[47]

5. 尝试新身份

实体店提供了网购没有的触觉体验,但网上购物做到了实体店无法实现的即时访问。

所以要寻找明智的零售商,进一步打造卓越的店内体验。这些概念的作用范围涵盖数字装备展示厅、兼作分销中心的商店,以及流行品牌店中店式的"umbrella housing"。还要寻求早前的(线上线下)目录公司惊人的定位推动零售的方法。

英国零售商爱顾提供了一个引人注目的案例。如今,爱顾似乎有志成为英国零售业的头号电商。但是这家老牌的(40 多年历史)邮购业务公司一开始连数字大门都不曾突破,甚至可以说,它恰好在这座大门后面。

数十年来,爱顾代表的是一种相当单一的购物体验。可以说,爱顾既是实体零售商也是目录公司,但这也是勉强的说法。作为

"零售商"的爱顾所拥有的展示区十分有限（只有大型分销仓库的一个角落那么大），顾客在那里翻阅贴在斜面书桌上几百页的叠层目录。然后他们会拿起一支浅蓝色的塑料圆珠笔（顺便说一句，如今这样的行为在一些圈子里受到顶礼膜拜）在爱顾薄薄的购物单上写下目录序号。然后他们会去收银台排队，之后就有人从大型仓库里取出他们要买的东西，粗暴地从仓库墙上的洞口递给他们。

大体上，这种基础的零售体验等同于一种还未成熟的网购模式（没有网络并且配送距离极短）。毕竟，顾客在购买之前看不到产品，而且这个过程就像是个无电的点击提货系统。

之后，爱顾的领导层突然惊人地意识到：公司庞大的客户群（大约90％的英国人都住在离爱顾门店不到10英里的地方）很可能已经做好充足的准备通过该公司的数字下单门户网站转向真正的在线购物体验。

难怪爱顾如今变成英国在数字化销售领域影响力最大的商业街零售品牌。截至2016年2月27日，爱顾称全年在线销售额占其总销售额的51％。[48]也许更让人眼前一亮的是，同一时期爱顾成为英国第一家仅通过移动消费就获得10亿英镑销售额的多渠道零售商。[49]

但爱顾并不满足于只尝试一种新角色。鉴于其特殊的传统，这家零售商的领导层发现追随当前零售业的另一种潮流同样代表着一种自然发展的趋势，所以他们打造了以数字技术为核心的爱顾旗舰店。爱顾在2013年推出这一概念，最初那些圆珠笔和目录本都换成了时髦的iPad。不过，自那以后，他们又重新调整了策略，仍保留着iPad界面的消费者体验，但同时为怀旧的顾客提供目录本和蓝色圆珠笔。爱顾正在将传统商店转变为数字商店,而且在森宝利超市(Sainsbury's)安装数字特许权,以此增加店铺数量。[50]

6. 把顾客变成宣传大使

考虑到当今数字消费者变得越来越复杂,而且他们的期待也在不断提高,一些零售商正在利用他们最忠实的顾客,让他们成为产品、服务和运营的宣传大使。

这些兼职宣传大使充当其他顾客的"顾问",反过来也享受着零售商的优待,第一时间收到新产品和促销的通知。

这些安排背后的想法是,大使的角色让消费者与品牌之间的关系不断巩固,在此关系中,品牌大使重视自己的身份,更忠于品牌,从而向朋友强力推荐。

这项活动很适合运动服装行业。温哥华的露露乐蒙因瑜伽服装名声大噪,与精英大使(elite ambassadors)和商店大使(store ambassadors)签有合约。跟你想的一样,精英大使就是在其运动领域地位很高的精英运动员。商店大使则大多是训练师或者受欢迎的体育教练,他们"在当地社区有影响力,对运动充满热情,渴望把平凡的世界变得伟大"。[51]这些商店大使可以获得品牌服装和折扣,相当于该品牌的人形广告牌,还提供商品反馈。作为回报,露露乐蒙帮他们建立自己的品牌。[52]很多公司都在这一领域突飞猛进(尤其是时尚和化妆品行业的公司,因为形象在这两个行业作用重大)。

7. 以安全性体现差异性

由于顾客对数据隐私、尊重和安全的要求不断影响其品牌黏性和宣传等因素,零售商已经在寻找让信任成为决定性因素的方法。

埃森哲的市场研究表明,2015 年,57％的消费者(比上一年增长了49％)担心留在零售商的个人信息会被盗用。[53]其他调查中的受访者表示,他们对提供个人信息最大的担忧就是滥用他们的信息发垃圾邮件。

因此,如果公司透明管理所收集的私人信息而且让顾客自行管理个人数据,还能提供公平的价值回馈,那么就会获得顾客的信任。比如,有一种方式就是提供单一的登录机制(现在大多是从脸书登录),让用户从单一来源管理个人数据及其分发。

最终,具有数据敏感意识的企业将会增强与顾客的联系,而且拥有精准营销、优质服务和高效传播的必要数据。

但就此而言,对数据安全的投资和雇用合适的人来实施网络犯罪预防将是未来零售商和顾客关系的基础。此外,从一开始就将数据隐私和安全纳入开发服务的考虑范围也是至关重要的。

谷歌推出的谷歌诚信商家(Google Trusted Stores)服务为在线顾客提供透明的安全保障,宣称消费者可以"对网购有信心。在网购时知道会有可信赖的送货服务和优质客户服务,还有免费的购买保护"。谷歌会帮助买家解决任何问题而且购买保护的额度可达 1 000 美元。[54]

8. 展现新的透明度

研究还表明,除了销售环境和社会的可持续性措施,商业的伦理维度(比如价格和质量的透明度)能够建立顾客信任和巩固品牌情感。

以旧金山的 EVERLANE 公司为例,该公司将所谓"彻底透明"作为其品牌战略的一部分,标明每件直接面向消费者的产品的成本明细。所以,当你进入 EVERLANE 网站选购全棉府绸中袖 V 领女裙,你会看到它的成本明细:原料费 12.03 美元,五金件 1.85 美元,人工费 13.80 美元,税费 2.21 美元,还有 1 美元运输费,由此得出真正的总价是 31 美元。这件衣服 EVERLANE 卖 70 美元,但打出的标准零售价是 154 美元。[55]

在连锁餐厅中,墨西哥墨式烧烤公司 CHIPOTLE 的理念就是优质原料、农民保护、动物福利,还有价格实惠,这家连锁餐厅已经连续多年实现两位数增长。[56]承诺透明度可以赢得顾客。但是,没有旅途不历经坎坷,2015 年,CHIPOTLE 的数十名美国顾客因食品中含有大肠杆菌(E. coli)致病,却没法查明污染物来源。这家连锁餐厅在 2016 年第一季度如期经历了首次季度亏损;它正开始重拾顾客信任,但问题在于能否重获曾享有的辉煌声誉。[57]

如今,无论是老牌的跨国零售商还是新兴的大型电商,都能借由社交媒体和其他数字技术以一种跟顾客产生共鸣的方式去主动展示透明度和商业道德实践。

几乎所有领域的零售商都已开始利用透明度来发展新的或现有的业务,但同时,它们常常在努力实现透明度的同时,成为越来越庞大的商业组织。

因此,随着现代商业中的供应链网络日益复杂,提供可追溯性至关重要。美国食品加工产业协会(GMA, Grocery Manufacturers

Association)是一个囊括 250 多家食品、饮料和消费品公司的行业组织,正以行业力量推动为消费品产品包装配备智能标签。据 GMA 称,智能标签"利用数字技术和智能设备为消费者提供成百上千种超越标签的产品属性信息"。这满足了消费者通过网络购买产品或使用移动设备扫描产品包装上的二维码时对这些信息不断增长的需求。[58]准备利用这个工具的消费品产品包括通用磨坊公司(General Mills)、好时公司(THE HERSHEY COMPANY)和联合利华公司旗下的品牌。[59]

9. 重新考虑奖励方式

本章开头提到的沃尔格林公司凭借其最新的顾客自助措施在这里"再次亮相"。75%的美国人都住在离沃尔格林药房不到 5 英里的地方。[60]现在他们如果跑去药房拿药(该公司有 8 100 家门店)的话,虽然有些累人,但他们能在收银台获得可直接兑换的奖励积分。

沃尔格林公司在美国的移动应用程序能让顾客更换处方(通过账户查找或扫描处方的条形码),定位药房,使用优惠券,购买药品(甚至可以制订购物单和自动重购),以及监测奖励和每周促销。这是因为沃尔格林公司设计了一款智能手机应用,让顾客通过体育运动或阅读个人医疗数据等健康活动赚得积分。沃尔格林公司的互联应用(Connect App)连接了各种可穿戴的设备(比如手腕监测器),自动传送监测数据。一旦你激活了智能手机上的应用,它就能追踪你步行或骑自行车的里程,一个月总里程达到 50 英里可以获得 1 000 积分。

最多每天读取两次你的血糖水平或血压报告就能得到 20 积分。开启尼古丁替代疗法——嚼口香糖或使用补片每天能再得 20 积分。不止如此,用这款应用还能追踪健康计划,以及跟同伴分享数据和想法。[61]

10. 管理成本以保证充足的投资

利用数字技术改善消费体验需要投资。过去几年来,零售业利润缩减,而且在目前环境下没有零售商可以置身事外。由于需要不断投资新技术以跟上科技的发展,以及流动消费者的出现和他们不断转变的预期,明确新的资金来源成了维持损益平衡的唯一方式。为此,有趣但也许并不让人惊讶的是,越来越多的零售商正在追随消费品公司的脚步实行零基预算(ZBB, Zero-Based Budgeting)以提高利润并跟上数字化和技术的需求(下一章会讨论零基预算)。

消费品公司和零售商:伙伴关系

品牌该怎样开展与零售商的合作才能实现双赢并且惠及消费者? 一种想法是:考虑和零售商共同开发一个品牌或产品来瞄准一组特定消费者身上的属性。另一种是:专注于增加和提高店内的消费者接触点。

货架设计几乎可以将所有推动当今技术革新的所有元素(智能算法配合光学运动传感器和人脸识别技术,以及高清显示器)结合起来，从而在超市货架上打造一个出人意料的亲密消费接触点。

这种货架的运作方式是：在当地超市里，你走到收银台旁的一个装有高科技显示屏的旋转售货机前，人脸识别技术马上启动，几秒间就确定了你的性别和年龄组。基于这一数据，货架瞬间从"今日供应"传回一则广告或推荐。

此外，为得到进一步的检验结果，这项技术还能在你吃巧克力棒的时候评估你的身体姿势和动作。重力传感器会记录从货架上拿起来的产品。然后摄像技术可以试着用系统设定的模式匹配你的肢体语言。学习型软件的技术能感应出你是个犹豫不决的初次买家还是忠实顾客。如果你是前者，显示屏会闪回一个折扣争取让你最后买下那款产品。

与零售商一起完善分销是另一个值得探索的选择。请思考下面宝洁(P&G)和亚马逊的协议。两家公司自2010年开始共享配送中心的空间，到2013年已经扩展到了七个配送点。这其中的理念非常简单：宝洁公司想增加家居用品(纸尿布、厕纸、洗发水等)的在线销售量，与亚马逊合作不仅可通过亚马逊推出的订购服务来提高销量，实际上还消除了将宝洁公司的产品运送到亚马逊配送中心的费用。亚马逊受惠的方式则是不用在配送中心给占空间、利润薄的产品(比如纸尿布和厕纸)分配存储空间，由此能给顾客更低的价格，从而比沃尔玛(Walmart)及其同类商家和开市客(COSTCO)那样的仓储量贩店更具竞争力。[62]

这个领域充满创造和回报的可能性。但是我想再多提一个想法来为本章收尾，即问一下你最信任的零售商希望你怎样帮助他们实现目标。你也许会找到一些重要的共同点。

要点回顾

● 与消费品公司一样,零售商同样面临许多由数字化带来的挑战和机遇。

● 持续关注具有前瞻性的零售商的表现;它们也许会展现通过零售商或自身电商渠道为品牌所用的机会。

● 产品可得性至关重要,这对实用品牌来说尤其如此,同样,能成为系列品牌的一部分也十分关键。

● 随着制造商和销售商之间的界限不断模糊,消费品公司的决策者应当寻找与零售商合作的方式,为流动消费者提供最佳体验。

下篇
内部焦点

第六章
数字增长的四大支柱

对品牌进行规划,使之成为流动消费者生活中值得信赖和期待的财富,这并非易事,但与持续且无缝地打造和再现前文所提到的情境相比,就显得无足轻重了。我们需要一种让整个公司协调一致的方法,从而实现最佳消费者-品牌旅程这一愿景。

换句话说,服务流动消费者不仅仅是设计消费者-品牌旅程,还包括渠道战略连接设计(这样无论消费者在何时何地产生需求,产品都能高效送达)、品牌目标实现(在此过程中,分析能力不断提升、劳动力联系愈加紧密、生产效率持续提高)以及资金投入(以支持推动公司发展的各类举措)。

这四大"支柱"会共同推动成功持久的增长。

毋庸置疑,任何利用数字技术的行动都是在朝着正确的方向迈进,但对于许多公司来说,实施更大的改革举措才是真正帮助公司获得长远成功的唯一选择。有意思的是,此改革举措的目的就是打造数字化驱动的能力来应对持续的变革。

在数字时代,如何定位和支持你的品牌,从而成功地为流动消费者提供服务,是一个巨大的挑战。我已经用了前面的章节从不同角度讨论这个问题。而事实上,在这个受数字化驱动迅猛发展的市场中,再多用几章来进一步讨论同一个话题并非难事,这样的例子层出不穷,我还可以拿出新的案例来讨论数字化驱动的品牌定位与特色。

品牌决策者有许多打造和提升目标体验的选择。他们可以专注于打造图谱实用端无可替代的价值。他们可以与其他公司的品牌绑定或加入其他品牌,以此打造消费者体验。他们可以跟具有前瞻思维的零售商合作。他们可以接纳"活力服务"的概念——互联产品和全方位数据结合起来,共同改善消费者的生活。他们还可以在设计新接触点的时候将品牌融入服务中,从而保持这些品牌对消费者的可见性和相关性。

总之,正如我所说,他们可以利用数字技术的力量来发现网络的价值,通过这个网络他们可以更加了解消费者的生活,然后由此打造出越来越强有力的价值主张。

换言之,如果他们把公司放在合适的位置来支持和推动所有这些活动,他们就能做到这一切。

如果不是在一家明确为此目标而建立的大公司,那么这些任务对品牌决策者来说都无法完成。如果缺乏渠道战略,缺乏资金,缺乏在合适时机投放产品的能力,缺乏为创新投入资源的能力,那么品牌决策者就只能空想,什么都无法实现。他们会给消费者过多承诺却又无法全都兑现,而在发生失误的那天,消费者可不会有什么耐心。他们会耗尽消费者的信任,而且还未等他们重拾信任,竞争对手的产品就早已取代了在消费者心中和实际生活中的位置。

因此,本章关注的是流动消费者时代的公司该做何准备以支持品牌发展。具体来说,我想要提出埃森哲在过去几年打造的框架,这个框架极为有用。我们称之为数字增长的四大支柱。

数字增长的四大支柱

这四大支柱(见图 6.1)包括:

(1) 消费者品牌旅程;

(2) 渠道战略联系;

(3) 资金投入;

(4) 品牌目标实现。

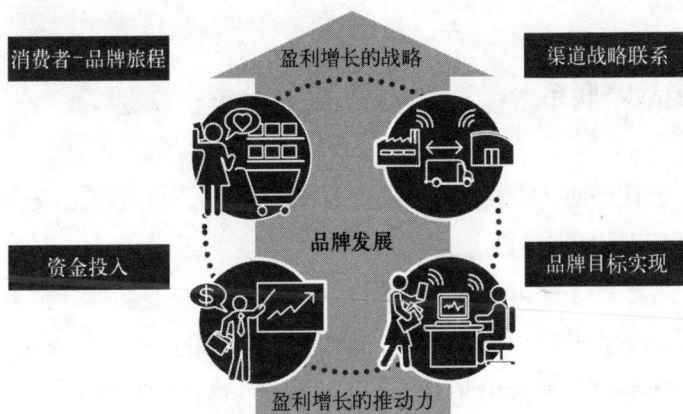

图 6.1　利用四大支柱谋划增长

第一大支柱(即"消费者-品牌旅程")涵盖了从本书开头到这里的所有内容,包括:确定品牌和消费者相遇的地点,品牌出现的情境,品牌的"承诺",品牌的最佳使用环境,数字品牌平台,品牌与消费者之间的联系以及可能在消费者中间建立的联系,还有公司现在和未来建立品牌资产的方式。

其他三大支柱(即"渠道战略联系""资金投入""品牌目标实现")全都需要在公司内部完成,实行后台运作以远离消费者视线,从而让消费者看到一个尽可能无缝衔接且无瑕疵的过程。

消费品公司的领导层只有专注于这四大支柱才能使公司协调一致,通过充分参与即将到来的活力服务时代来支持品牌的可持续增长。将上层的两大支柱("消费者-品牌旅程"和"渠道战略联系")作为"策略"的出发点,才能让公司有利可图。将下层的两大支柱("资金投入"和"品牌目标实现")作为推动利润增长的支柱。

渠道战略联系

公司如何才能确保品牌在正确的时间以正确的形式出现在流动消费者需要它们的地方呢?

答案在于尽可能地利用数字技术转变信息在品牌分销渠道的流动方式。以前,公司都是依据之前的销量来预测需求量,然后通过分销渠道推出相应的产品。现在,借助监控现场需求量和收集其他丰富的场景信息(包括产品使用方式和时间)的能力,信息流可以逆转,而且变得越来越强大。实际上,消费者将控制分销渠道;配送渠道会像响应公司"推力"那样响应消费者的"拉力"。

在成熟的市场中,信息流逆转的潜在收益十分显著,但并不一定庞大。拥有成熟分销系统的大型消费品公司可以使用实时销售信息来提高反应能力的水平,但是现有的规模经济和复杂的预测能力在确保供应满足需求方面已经做得相当出色了,尤其是在传统的实体零售市场。数字技术将使这些过程更加有效,但短期内数字技术并不具有变革意义。

同样,新老公司也在收集和分析信息,并采取多种方式加以利用,包括优化补货,用个性化内容锁定消费者,还有积极管理库存成本。纽约的 poshly 是一家美容产品数据分析公司,这家公司为我们提供了一个很好的案例。自 2011 年成立以来,poshly 公司让注册用户/消费者参加有趣简短的测试来获得适合他们的产品小样,这些样品将由"poshly perks"个性化送货服务配送,凭借这种商业模式,poshly 公司给美容业带来了一些震动。大型消费品公司可能没有预料到这种商业模式及其吸引顾客的潜力。

由于从制造商到最终用户之间的每一"站"都会有利润流失,因此那些利用数字技术去缩减仓库规模和简化配送的公司同样保持着良好态势。亚马逊的 Vendor Flex 项目直接把亚马逊的运营放到宝洁等大型消费品公司的分销中心。这一举措省去了分销过程的一大步骤(将宝洁的产品运输到亚马逊分销中心),从而加快运送时间并降低成本。

另一个优势:数字技术使企业能够简化销售报告。过去业务员得亲自去商店查看货架空间,还要拿纸质平面规划做比较,然而现在的店主自己就可以拍一张货架的照片传到云端,然后公司几乎立刻就可以分辨出商品陈列的优劣之处。

这些新能力带来的最大收益将出现在亚洲等新兴市场,这些新兴市场的分销渠道目前仍高度分散。到2020年,预计全球消费品和服务业将增长7 000亿美元,其中大约一半的增长来自亚洲,具体来说就是中国、印度尼西亚、印度、新加坡和泰国。预计仅中国就有大约2 000亿美元的增长,占亚洲的60%。[63]

然而,尽管受到电子零售商和在线市场的巨大影响,消费品公司仍未在亚太地区的数字商务市场充分渗透,尤其是在杂货/产品种类方面。印度的情况也大体如此,其消费品市场有望在2018年增长到1 000亿美元。2010年至2015年,印度城市地区支出高出农村地区支出约两倍。如果保持这一比例不变,2018年印度农村消费品将有机会达到250亿美元。印度农村地区产品分销带来重重挑战,意味着利用数字技术优化配送和补货,以及利用实时数据分析锁定消费需求的消费品公司将稳居市场主导地位。[64]

正如埃森哲产品制造事业部亚太非地区总裁范博欧(Fabio Vacirca)所说:"在新一代消费者和广泛运用的数字技术的推动之下,整个销售与营销生态系统正在发生剧烈变化。这种变化在亚洲市场来得更快,并且在很多情况下都意味着跨越传统模式。"[65]

第七章将更详细说明数字技术如何改变消费品公司在新兴市场的游戏规则。

资金投入

如果对流动消费者服务得好本质上是一个反复的过程,那么我们要如何计划资源分配?该怎样思考融资创新?

许多消费品公司都试图用精简组织的方式来为数字时代做好准备,其目的在于提高盈利能力,并利用这些资源来支持新的数字品牌战略。

但是,许多为削减成本做的努力都遇到了困境。这是因为在某些情况下,这些努力都被当作为眼前的需要腾出资金的一次性或短期活动。这种方法的弊端在于只一股脑儿地想要削减成本,而没有着眼于对高效运营的长期追求。在其他情况下,数据驱动的决策一般只是削减部分预算,缺乏兑现承诺的可操作的杠杆,所以并未给削减力度和从哪方面削减成本奠定基础。事实证明,这些为削减成本所做的努力都不具有持续性,甚至难以实现,公司的财务状况因而又回到起点。

此外,高管团队在思考削减成本时往往首先看到最明显的成本中心(员工数量),却忽视了公司其他许多可以大力削减成本的地方(包括办公用品、不动产交易、设备)。

零基预算是应对这些挑战的有效方法。如图 6.2 所示,此方法将可视性、问责性和文化变革结合在一起,行之有效,省出的资金可用于投资数字驱动型增长。只要对历史支出模式有一个深入的了解,我们就可以解决成本削减力度和从何处着手削减成本等问题,以及为实现削减成本的目标,公司可以采取哪些具体行动等问题。不过,零基预算虽然依赖历史数据,但是对这些数据也十分谨慎,这使得公司不仅要考虑钱花在哪里的问题,还要考虑应该如何花的问题。零基预算促使我们思考这样一个问题:"抛开具体情况不谈,我们要为这个活动/设备/举措准备多少预算?"

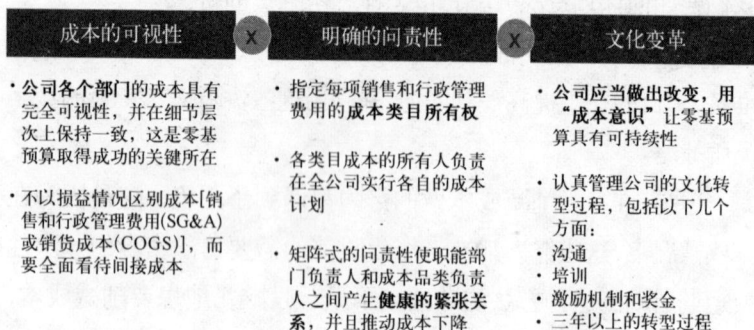

成本的可视性	X	明确的问责性	X	文化变革
• **公司各个部门**的成本具有完全可视性,并在细节层次上保持一致,这是零基预算取得成功的关键所在 • 不以损益情况区别成本[销售和行政管理费用(SG&A)或销货成本(COGS)],而要全面看待间接成本		• 指定每项销售和行政管理费用的**成本类目所有权** • 各类目成本的所有人负责在全公司实行各自的成本计划 • 矩阵式的问责性使职能部门负责人和成本品类负责人之间产生**健康的紧张关系**,并且推动成本下降		• **公司应当做出改变**,用"**成本意识**"让零基预算具有可持续性 • 认真管理公司的文化转型过程,包括以下几个方面: · 沟通 · 培训 · 激励机制和奖金 · 三年以上的转型过程

图 6.2　零基预算推动成功的三个关键元素：可视性、
问责性和成功的文化变革

从长远来看,这种方法并不新鲜。但是数字技术可以实时呈现更多的细节,带来更多削减成本的具体举措,还能给管理人员的大脑腾出一些空间,让他们把目标瞄向之前未开拓或未充分开拓的领域。

零基预算的另一个优势是问责明确,以此保证员工对项目的投入得到激励,而且保证职能部门主管和品类主管可以一起讨论如何取得项目成果。

最后,公司要让每位员工都成为此项目中的一员并用"成本意识"管理中的零基预算原则对他们进行培训,从而推动可持续的文化变革。

亿滋国际(Mondelēz International)为我们提供了零基预算的一个范例。作为零食行业的领头羊,亿滋国际经历了高速增长,但是该公司的营业毛利低于同行,需要提高营业毛利。亿滋公司采取审慎的态度实行零基预算,全面降低公司成本。该公司开创了新的预算编制流程,而且深刻改革管理制度,建立成本管理问责机制,还设计了新的全球运营模式,以支持全球业务服务部门实现成本高效的财务金融、人力资源和采购服务。

亿滋公司仅用 3 个月就设计出了新的运营模式,并在 2014 年省下 3.5 亿美元。该公司计划三年内省下 10 亿美元。[66]这些节省款项也有助于增加营业毛利。更重要的是,新的预算编制流程和管理制度变革已让成本意识深入公司日常运营和企业文化中。这场文化变革带来持续高效的开支节省,节约下来的钱可以持续投入增长计划。

通过推动文化变革,消费品公司可以采取可持续闭环方法实行零基预算。谈论员工培训和企业文化是一回事,但引导员工学以致用是另一回事。

不出所料,对于首次实行零基预算的公司来说,第一轮的工作最为繁重,因为可视性、品类所有权、价值定位对这些公司来说全是新的概念。但是,这些又都是取得成功的关键步骤,因为它们是首次实行零基预算的基础。从那时起,公司可以从大方面立即采取行动,根据新的政策制定预算,利用价格带来的机会节省开支,分析数据以了解财务预算的绩效表现(尤其是带来这种绩效表现的行为),最后对公司进行定位以优化运营,为来年制定新的目标,并再次开启这一过程。这个过程省下来的成本可以进行再投资,从而进一步提高效率并保持公司定位与流动消费者的期待一致。

图 6.3 描绘了高效闭环方法的各个阶段。

零基预算闭环过程

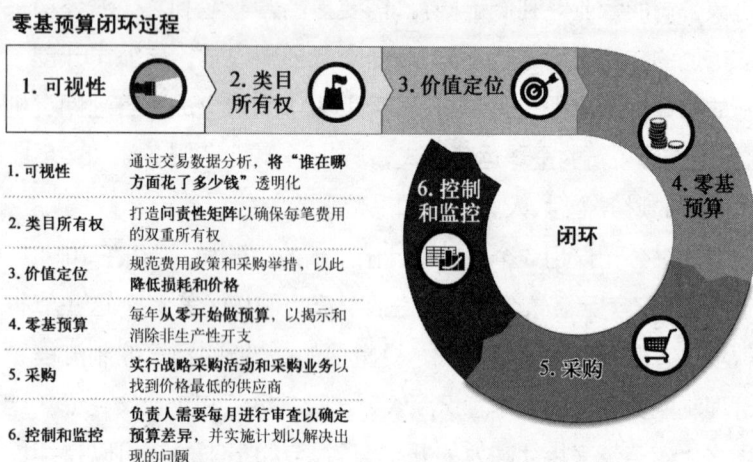

1. 可视性	通过交易数据分析,将"谁在哪方面花了多少钱"透明化
2. 类目所有权	打造问责性矩阵以确保每笔费用的双重所有权
3. 价值定位	规范费用政策和采购举措,以此**降低损耗和价格**
4. 零基预算	每年从零开始做预算,以揭示和消除非生产性开支
5. 采购	**实行战略采购活动和采购业务以找到价格最低的供应商**
6. 控制和监控	负责人需要每月进行审查以确定预算差异,并实施计划以解决出现的问题

图 6.3 闭环方法提供了所有费用的高度可视性,从而在一个持续的基础上确认、消除和预防非生产性费用

当然,降低成本不是万全之策

但是,就算实施了有效的零基预算,许多消费品公司的领导者还是难以卓有成效地将节省下来的款项进行再投资。

不可否认,他们想把节省的款项投入增长。下面看一下埃森哲在 2015 年对敏捷性和竞争力的全球研究结果。这项研究调查了 600 多个高级主管,收录了来自 14 个国家的 30 多位首席财务官和其他高级财务专家的采访信息。53％的受访机构年营收在 10 亿到 100 亿美元之间,其余超过 100 亿美元。[67] 如图 6.4 所示,大部分机构都制定了节省款项再投资于增长的战略。但是,如图 6.5 所示,出于种种原因,这些战略往往难以实践。

问题:请说明贵公司以战略性的方式将节省成本再投资于增长的程度。

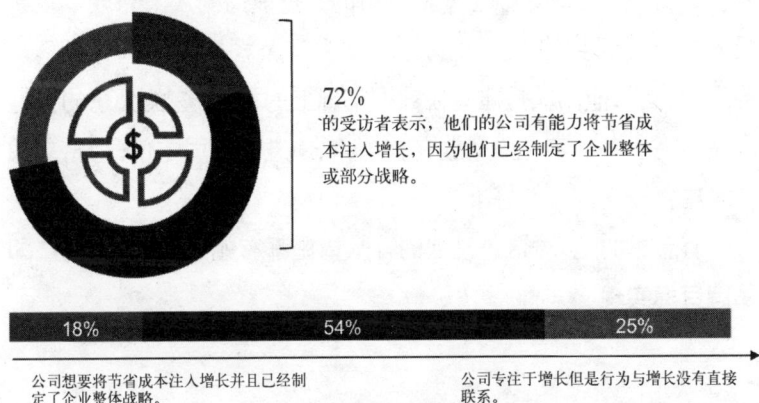

72%
的受访者表示,他们的公司有能力将节省成本注入增长,因为他们已经制定了企业整体或部分战略。

| 18% | 54% | 25% |

公司想要将节省成本注入增长并且已经制定了企业整体战略。

公司专注于增长但是行为与增长没有直接联系。

图 6.4 大部分受访公司都制定了将节省款项再投资于增长的战略

问题:贵公司在将节省成本注入增长时遇到的三大挑战是什么?

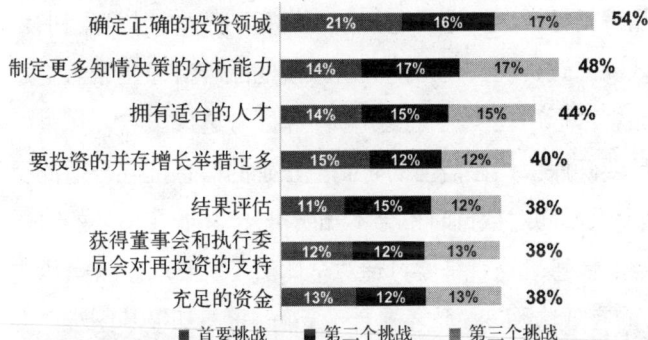

	首要挑战	第二个挑战	第三个挑战	合计
确定正确的投资领域	21%	16%	17%	**54%**
制定更多知情决策的分析能力	14%	17%	17%	**48%**
拥有适合的人才	14%	15%	15%	**44%**
要投资的并存增长举措过多	15%	12%	12%	**40%**
结果评估	11%	15%	12%	**38%**
获得董事会和执行委员会对再投资的支持	12%	12%	13%	**38%**
充足的资金	13%	12%	13%	**38%**

■ 首要挑战 ■ 第二个挑战 ■ 第三个挑战

大部分公司在将节省款项注入增长的时候都会遇到困难,各种事项竞争优先级和过多增长举措并存,因此模糊了重点。

图 6.5 面对节约成本再投资于增长的挑战

99

例如,调查中整整 21％的受访者表示,他们在将储备资源进行再投资时受到了阻碍,因为他们在确定投资方向时没有把握,由于缺乏明确的战略计划,这些资金可能会闲置或利用不足。而且,48％的受访者把缺乏制定知情决策的分析能力列入节省成本重新投入增长时遇到的三大挑战之一。[68]数字公司不会遇到分析不足的问题,因为他们就是建立在数据基础上的;也许这类公司的管理层应当将业务数字化投资放在首位,以便进行公司定位,为将来成功实施再投资计划做好准备。

有意思的是,对这些挑战的补救措施都有赖于第四个支柱,即**品牌目标实现**。

实现品牌目标

实现品牌目标旨在打造和定位公司的基础架构,以可盈利、可持续且高效的方式实现公司为消费者预设的品牌价值主张。这意味着实现品牌目标还在于优化投资顺序和区分选择。

这就是要确保公司在恰当的时间把正确的信息推向合适的目标群体,确保人们面对数据时不会不知所措,但又能在需要的时候获取到想要的信息。这就是要打造对全体员工、自动化工作、供应链、领导层的有效透明度。这不是什么新鲜事,但却极其困难。要提升与其他公司合作的灵活性,打造数字品牌平台,而且要容易加入其他品牌的行列。这就是要在不妨碍改善公司已有产品的情况下为创新开辟空间(第八章将着重于创新这一话题)。

　　如果实现这一支柱的整体目标看起来比较艰巨(全盘来看,怎么可能不困难),那就要集中注意力做好商业分析。出色的商业分析对大部分(如果不是全部的话)实现品牌目标所涉及的内容都有帮助。

从商业分析入手

　　埃森哲最近完成了一项全球研究调查,针对 90 名消费品公司高管,他们都是在收入超过 20 亿美元的公司负责商业分析的人员,从这份调查中可以知道消费品公司是如何建构商业分析驱动的组织,以及如何将这些分析"注入"决策过程的。

　　这项研究表明,虽然这些公司具有一些本地化分析的能力,但只有不到一半的公司在整体上拥有卓越的分析能力或将其视作差异化的能力。而且,这些公司仍在努力解决跟分析、数据跨度、方法和技术等相关的基础问题。[69]

　　如果公司持续不断地在决策过程中加入分析,对全公司的分析能力进行管理,并主动招揽和雇用分析人才,那么这些挑战都能迎刃而解。

　　强大的分析能力能够帮助消费品公司实现品牌目标,其方式是:

●　拉近消费品公司与消费者的距离。公司如果可以从大数据中更深刻地洞察消费者,也就可以更快做出以事实为基础的资源分配决策。

●　通过提供更丰富多样的决策信息优化供应链。

●　强化与零售商的关系。零售商直接面向购物者,而且掌握着海量信息,还在不断提升分析能力。零售商现在有望与消费品产品制造者达到同等水平。

建立员工之间的联系

　　建立员工之间的联系是实现品牌目标的另一个基本要素。很多人认为,在消费品公司利用数字技术必然就意味着打造"冰冷的"效率和消除人与人之间的接触。但如果没有"人与人之间的接触",将来就不会有公司能够打造出满足流动消费者的服务和产品。因此,尽管我认为任何一家公司都需要利用数字技术来完成与互联网相关的工作,但我通常会很快指出,技术不应该只是把工作体验弱化成一系列缺乏深度思考的活动。相反,技术应该让工作体验变得更加民主和网络化——最终变得更加人性化。[70]

　　美捷步(Zappos)官网上的侧边栏就说明了这一点。[71]美捷步是数字化时代兴起的一家在线零售商,专卖鞋类产品。但关键是,这家公司的首席执行官谢家华(Tony Hsieh)对客户服务的热情似乎不亚于对鞋类产品的热情。因此,他秉持这样一个基本理念:为流动和参与型消费者服务需要流动和参与型工作人员。

美捷步:为员工赋能

　　作者:罗伯特·托马斯(Robert J. Thomas)、亚瑞特·西尔弗斯通(Yaarit Silverstone)

　　2015年3月23日,在线鞋类和服饰产品零售商美捷步公司的首席执行官谢家华在一封邮件中宣布,该公司将大力加快员工自主管理的进程。美捷步公司将用一种简化管理程序的自组织管理模式即"合弄制"（holacracy）取代之前的等级管理架构，简化工作流程并增加透明度。所有的这些变革都为美捷步公司传奇般的客户服务提供了支持，而该公司自身也是从类似的创意、创新和首创想法中发展起来的。

"合弄制"是否如同许多怀疑论者控诉的那样，是一场减少工作头衔和管理人员的烟幕？或是如纯粹主义者认为的那样，跟之前失败的加强员工自主权的措施没什么差别，就是一次"炒冷饭"？

谢家华并不这样认为，在他看来，复杂的管理模式让许多快速成长的公司偏离了发展轨道，合弄制正是割裂公司规模和管理模式之间联系的一种方式。行业和企业一直都想要发展以团队为基础的组织架构和自主管理模式，比如，20世纪70年代的工作生活质量计划、参与型管理模式，还有丰田公司在20世纪80—90年代鼓吹简政分权的全面质量管理（TQM，total quality management）过程。但是，出于业务战略需要，加上技术力量（通过现有的信息管理和通信工具的形式）带来的有利条件，过去的设想在美捷步公司正变成现实。也许到最后真正的问题不是合弄制是否取代了传统管理模式，而是合弄制是否真的帮助美捷步公司获得持续增长，同时不会失去与顾客建立的亲密关系，以及这种关系所依赖的员工高积极性。

要想完全了解美捷步公司的理想目标，那就有必要了解一些这家公司的历史、商业模式和对数字技术的独到利用。

乐在其中

1999 年，当时谢家华任投资公司青蛙创投（Venture Frogs）的总经理，同意向美捷步公司提供一笔 110 万美元的风险投资。[72] 到 2000 年，谢家华认为这家仅有一年历史的公司是他的投资组合中最有趣和最有前途的公司；很快，他便成了美捷步公司的首席执行官。

谢家华为这家初创公司定了两个目标：在 2010 年前，一是实现 10 亿美元的销售额，二是荣登《财富》杂志评选的"全球最佳雇主榜"（Best Companies to Work For）。他认为，成功的关键在于持之以恒地提供出色的客户服务体验。的确，谢家华成为该公司首席执行官后，对鞋类产品并不是特别感兴趣；提供出色的客户服务才是他最想做好的，而鞋子只是服务的载体。

在他的愿景中，重要的是打造强大的企业文化，确保美捷步公司的所有员工都为公司目标协调一致。谢家华把顾客体验和员工自主权与利润直接挂钩。他表示："更快乐的员工能带来更密切和积极的关系，公司也会更有效益。"[73]

2006 年，美捷步公司宣布了 10 条核心价值理念。其基础大多是对影响员工创造力和效率的因素的研究。比如，谢家华鼓励管理人员把 10％到 20％的时间花在跟公司其他员工工作之外的社交上。

这些核心价值理念旨在打造一种近乎极致的客户服务和同事情谊文化。它们构成了美捷步对员工的期望，即希望员工"创造乐趣""勇于冒险和思维开放""打造家文化""热情、坚定、谦虚",还希望评估员工对美捷步公司文化的接受度。

同时,美捷步公司称其在 2005 年总收入达 3.7 亿美元,这个不可思议的增长引起了商业领域的关注。

2005 年,亚马逊向美捷步公司提出收购建议,但谢家华认为时机未到。2008 年,美捷步公司达到了谢家华确立的商品总销售额达 10 亿美元的目标,提前两年完成计划。当年的净销售额达 6.35 亿美元,比 2007 年增长了 20.5%——美捷步公司称净收益从 2007 年的 180 万美元上升到 1 080 万美元。

2009 年,该公司抵达了谢家华设立的第二个里程碑——登上《财富》杂志的最佳雇主榜,名列第 23 位。此时,亚马逊再次向其伸出橄榄枝,而这一次时机成熟了:美捷步公司以 12 亿美元(包括现金和亚马逊股票)被亚马逊收购,标志着这家公司完成了从创业公司到大型企业的洗礼。

当心官僚作风

谢家华将美捷步文化主要归功于公司发展和所取得的成功。该公司的员工都十分忠诚。所以,美捷步公司创造了前所未有的低自愿离职率。[74]

但是,因为该公司负担着将近 1 500 位员工的薪水,谢家华担心仅仅靠企业文化可能不足以抵消影响增长的各种降退力。跟其他处在发展阶段的企业一样,该公司面临着生产率下降的风险,而且谢家华想要确保在美捷步公司成长的过程中,官僚作风不会阻碍"实际工作"。技术能否在推动增长的同时不损害亲密关系呢？带领美捷步公司走上合弄制的团队领导人约翰·邦奇(John Bunch)对此持肯定态度。"我们尝试采取'合弄制'提高灵活性，"邦奇说。"作为一家公司，"他补充道，"我们的成长已经超出了像一个小家庭那样的阶段，并且真正做到了让我们的业务适应实时环境。"[75]

美捷步将合弄制看作一种操作系统。曾就职于执行团队的艾力克斯·冈萨雷斯-布莱克(Alexis Gonzales‐Black)指出："'合弄制本身'在传统意义上来说并非一种技术。'我们'用它来安排我们需要完成的工作。"合弄制是一种社交手段，通过利用自组织的团队，即圈子来分配决策，完成工作任务。

据冈萨雷斯-布莱克所说："由'团队'决定如何分工和问责，以此激发这一目的。"

团队通过两类会议运作，即管理会议和战略会议。邦奇解释说："管理会议覆盖了所有的工作任务、负责人和问责机制。战略会议则是有关工作的完成。"作为"任务指派人"(lead links)的员工代替管理人员。这些员工的选拔依据是他们的绩效表现和他们对提高自身责任心和负责度的兴趣。他们有权对自己负责的任务做决策。"这并不是无领导，"邦奇很快指出这一点，"有一部分员工所负责的公司目标范围要比其他人更大。这样的做法是给每个角色分配领导权。每个人都可以做领导，在自己的职位上充当企业家的角色。"他还说："公司的任何一个人，无论张三还是李四，都可以提供他们认为你这个角色在制定决策时需要的主意、想法和数据点。但最终决策权在于你自己。"[76]

玻璃房

为支持合弄制，美捷步公司使用 Glass Frog 软件记录会议档案并指导会议开展，从而可以保存和跟踪会议结果、安排任务角色以及使组织的合弄制"可视化"。这个平台对公司的所有员工开放，所有团队都可以在上面征求、记录和处理丰富的信息和同事反馈。在早些时候，例如，在美国汽车行业高度强调工作生活质量（QWL）的那个时期，这类信息都不会公开，或是很难找到。现在，据邦奇所说："Glass Frog 软件可以把项目录入进去，团队或公司的其他人都可以登录查看，比如可以查询到'约翰·邦奇的职务是什么，他现在进行的主要项目有哪些？'整个公司的结构都是完全透明的。"

虽然如人力资源、财务和法务等团队需要数据保密，但是大部分团队都不需要。邦奇坚信："除非你有足够充分的理由不把某些事情公开，不然就应该完全开放，包括公开整个领导团队。"也就是所谓的"内部董事会"——由谢家华和他的直接下属组成，负责整体商业战略和运营。任何一位员工都可以"跟踪"某个团队的工作——包括内部董事会的工作。跟踪者会接收到该团队每次会议和公布角色、职能、政策或权限变更的邮件通知。谢家华作为内部董事会的任务指派人，他的团队是最常被跟踪的。"每个员工都可以点击'内部董事会'并看到我们的'团队'目标、当前采取的战略、每个职位及其执行人。然后还可以看到'团队'通过的政策、会议要点和会议记录。"谢家华解释道。

宏大愿景

员工自我管理是一个更宏大的愿景，Glass Frog 软件和合弄制只是其中的两个组成部分。高级开发员雷切尔·布朗(Rachael Brown)认为，将来 Glass Frog 软件及类似软件将会起到"旅程工具"的作用，充当个人仪表板，为员工提供个人能力、业绩、任务和角色的记录。这些技术工具的数据推动了员工的自我管理、职业发展和自我评价，员工对此也负有更多责任，因此任务指派人的角色将会得到简化。"例如，你想要换个新的职位，"布朗说，"你手头也拿到了自己全部的'绩效'信息。你还可以看到不同的技能要求和部门目标。假设我想要成为一名 Java 软件开发人员，那么我就应该看到那份工作所需要的技能，评估自己还未具备的技能并找到学习该技能的方法。"

她和同事达瞻·巴特(Darshan Bhatt)收集了美捷步公司所有员工创建的个人仪表板上的绩效数据，这样员工们都可以检查和评估自己的技能。"信息都摆在他们面前，而作为个人，他们自己决定怎样用这些信息帮助自己。"布朗说。

谢家华相信，合弄制和 Glass Frog 软件将会让美捷步的员工在公司成长的过程中变得更具效率。他认为，更重要的是，员工将能从公司不断扩大的规模中获益，因为他们能获取更多强化公司核心价值理念的数据——这转了一圈又回到了美捷步公司的企业文化：出色的客户体验。

当然，合弄制只是以数字化驱动的方式给员工赋权的一个表现。这种可能性是无穷尽的。关键在于这个方式(无论是什么方式)要匹配公司目标和崇尚的文化。

推动工厂的数字进步

大部分消费品公司都在积极地追求让工厂更加安全高效的数字技术。而且,决策者还应寻找方法为工厂和分销商、工厂和创新中心之间打开新的、更通畅的信息流。

改革:管理和谬论

迄今为止,你的公司可能对数字技术浪潮的参与一直都不成体系。没有关系,很多一直在试水的公司也是这样的,这些公司想知道在直面客户和提高内部运营这两方面数字技术可以帮他们做什么。

但是,从长远看,想要充分利用数字化的力量,你可不能只是"打一枪换一炮"(即员工个人和部门整体都利用数字技术,但是并未一种有利于整个公司的方式结合起来)。你需要让公司面对全部的挑战。充分利用数字化现有和将来的力量需要整个公司的努力——这个期望看起来十分麻烦复杂。

好消息就是大部分消费品公司的员工都欣然接受这些改变。在很多公司,适应更多数字化驱动的工作实践将不会成为推动员工改变的难题,因为公司最终会满足员工的期待。那些厌倦在笨拙过时的体制中工作的员工将会被赋予自主权。请记住,这些员工也是流动消费者。

因此,我在本章的最后,也就是接下来这一小部分(这部分的内容来自我的同事 Warren Parry、Randy Wandmacher 和 Tim Gobran)将给你展示一些关于改革管理的流行谬论。过去 15 年,这些埃森哲的团队和个人研究了 150 多家公司的 250 个主要的改革举措,其中包括了几十家全球五百强公司。他们总共收集了 85 万名员工的数据,从一线员工到各级领导层,包括团队经理、部门主管和企业高管等。这项研究表明,进行管理变革并不像你一直深信的"传统智慧"那般令人生畏: [77]

谬论 1: 变化过快过多将覆巢毁卵

事实上,从埃森哲的数据来看,发展最好的公司都是因变而兴。这些公司进行了更多改革,其中 30％到 50％都是创新性的改革措施,而且相比于发展较差的对手公司来说,这些公司的改革进程也更快。这种能够持续推动改革的强大能力也让这些公司在改革计划中获得了更多利益。[78]

谬论 2: 改革会让公司偏离正轨

许多公司高管根本不清楚为什么公司在进行改革的时候会出现动荡。埃森哲调查了一些在改革阶段偏离正轨的公司,可以发现 85％的公司在实施改革之前就已经存在公司文化和运营失常的重大潜在问题。这些公司可能会把自身问题归咎于变革举措,但其实是管理不善的问题和阻碍部门合作的"筒仓"心态早已根深蒂固。在进行改革的时候暴露了公司之前就该解决的异常情况,于是便出现了问题。如果各级管理者有坚定的信心并相互信任,那么改革就不会让公司偏离正轨。[79]

换句话说,改革不会让公司发生异常。改革只是暴露公司的异常情况。

谬论 3：改革初期，绩效滑落

许多描述不同改革阶段的传统模式认为,人们在改革初期需要克服惯性和抵触心理,所以一般来说,绩效会先降低再提升。我们的研究结果推翻了这种观点。对于高绩效团队而言,业务绩效(特别是成本管理、客户服务水平和工作效率)从实施改革措施开始就会不断提升。

谬论 4：致力于改革之前需要胸有成竹

这取决于公司领导者与直接下属,以及这个团队外围的管理人员之间的关系。根据"承诺曲线"(这是很多传统改革管理战略的基石),人们在接受或致力于改革之前必须首先了解改革需要并对改革有一个理性的认识。但我们的研究表明,这对绩效高的职员来说正相反,尤其是在改革的初期。大家对领导十分信任,就算连方向都不清楚也会十分愿意跟着走上改革的道路。他们一开始的时候会充满热情,然后在前进的过程中很开心地找到方向。我在这里强调了"开始"这个词;正如我在本书前文所说,打造本地化的商业案例可以帮助管理人员明白自己的工作如何融入公司整体。在艰难的工作开始并且尚未取得成果之时,这一认识将会是至关重要的力量之源。

改革的努力重在打造改革能力

公司领导者在大兴改革,但许多员工遵循这个重要通知的时候往往目无全局,只着眼于短期内看起来更容易控制和更明显的改革领域,比如沟通和员工培训这些相对容易衡量和管理的领域。

不过,成熟的分析和新的数字化方法将会帮助公司解决这个问题。例如,对书面调查回复、来自工厂的评价、社交媒体动态和其他资源进行自动文本分析都能帮助管理人员确定团队里员工的心理状态。使用这样的系统将使公司在事态扩大之前更好地发现并解决问题。拥有这种洞察力的管理人员将更能着眼于大局,相信自己能够关注到具体问题并做出有效回应,以及在恰当的时机高效利用珍贵的资源。

最后,公司采取改革措施服务流动消费者时,他们将构建出组织内部持续改革的能力。以前的改革计划"费用高昂"且比较分散,需要完成一项再进行下一项,这样的模式已经过去了。服务流动消费者意味着成功完成一个**只关乎**改革的改革项目。现在,适应变革是企业的必备要求。未来的员工将需要持续地同时进行多项改革措施。

坚持对增长预期的要求

埃森哲预计,全球消费品和服务产业到 2020 年将增长

7 000亿美元(其中大约50％,或者说3 400亿美元来自亚洲,尤其是中国、印度尼西亚、印度、新加坡和泰国)。[80]但无法评估的是这次大幅增长会带来多少错误开端,留下多少未完成的消费者承诺,以及造成多少资源浪费。

当然,在这个新的领域当中,成功与失败之间的差别取决于决策者为品牌制定的战略。但同等重要的是拥有执行战略的能力。台湾积体电路制造公司(Taiwan Semiconductor Manufacturing)的CEO张忠谋说得很对,"没有战略,就没有执行目标。执行不了,战略就毫无用处"。[81]

要点回顾

● 为流动消费者提供出色服务需要整个公司的努力,不应该只有品牌守护者在努力。

● 四大支柱为公司设计出成功的品牌增长打下了基础。其中两个支柱在于打造增长战略,包括:设计消费者品牌旅程和渠道战略联系。其他两大支柱在于为这些战略提供有力支持,包括:资金投入和品牌目标实现。

● 零基预算(ZBB)是消费品公司找到资金支持数字化驱动增长的方式。

● 四大支柱可以指导公司使用数字技术来推动发展。四大支柱实质上就是一个组织架构。

● 有四大支柱作为指导,利用数字技术来服务流动消费者的过程变成了改革管理的一项挑战,这项挑战可以推动公司在思想、实践方面不断前进,使其在成熟市场和新兴市场脱颖而出。

第七章
制定新兴市场和分散市场的增长目标

　　消费品行业在新兴市场和分散市场(比如亚洲和巴西的市场)拥有大量发展机会。传统上,制造商都是通过评估市场可卖的产品及与不同的分销商合作来服务此类市场。而且,销售人员大部分时间都花在了路上,然后还要花大量时间跟客户签订单和处理文书工作,几乎没有时间推广新产品或了解商店消费者。数字技术正以激动人心的方式转变传统销售模式,把分销置于首位——把订购的权力转移到小商店的店主手中,重新布局配套的分销系统,以及利用新的工作方式所带来的机会。

　　例如,订单生成时,数字驱动的供应链可以确定最近的产品来源(仓库、分销商、批发商)并触发该货源点的响应。从一大堆苦差事脱身的销售人员可以集中精力建立人际关系,了解产品(并帮助顾客认识产品),以及提供高质量的售后支持。店主学会监控商品陈列情况并直接向制造商报告,商品销售方面也因此可以得到改善。

新兴市场尤其是亚洲新兴市场所带来的机会不可低估。尽管这些市场的增长预计会放缓，但没有任何迹象表明它们将停止增长。2015 到 2020 年间，中国城市消费者的消费品支出的年复合增长率有望达到 7.4%，增量达 1.2 万亿美元，而同一时期农村消费支出的年复合增长率有望达到 5.0%，增量达 3 740 亿美元。印度的情况正相反，城市消费者的消费品支出的年复合增长率将达 5.6%，新增 1 950 亿美元，但预计农村市场的年复合增长率将达 6.1%，新增 2 400 亿美元。[82]

为这些市场提供服务，挑战与机遇共存，这主要有四点原因。

第一，如果分销网络比较零散的话，那么会给合作带来困难。以印度为例，印度有 800 万到 1 000 万零售商。如今最好的情况是，一家强大的消费品公司能跟大概其中 400 万家达成合作。这家公司可以通过自己的分销商覆盖 80 万到 100 万家商店；其他的就通过批发商覆盖。

然而，一家大型消费品公司一般需要管理 2 000 到 4 000 家分销商，覆盖印度整整 330 万平方千米的范围。可能这家公司一年的营业额达 10 亿美元，但是获得这 10 亿美元营业额的成本很高。事实上，在服务了 100 万家门店之后，服务每家门店的成本将会大幅提高，因为每家店的订单量太小了，仅算一个月的话，一家零售商可能只卖出 10～20 美元的该公司产品。[84]

在这种情形下，通路推广几乎不起作用。公司无法准确地制定财务计划，所以只能猜测通路推广的成本。但实际上，公司这样的做法只是为了保持竞争对抗，不可能指望从这项举措中真正获得利益。

有趣的是,分销商群体在新兴市场不断缩小,因为不少分销商都是个体经营,而他们的后代正不断离开这个行业,转行去做白领工作。另外,越来越多的分销商把业务当成一种投资,因而会更愿意去争取分销特许权,即使该分销产品的业绩表现不佳。在这种情形下,统一分销指日可待。事实上,在一些市场已经出现了一些大型分销商或"分销仓"。然而,今天的分销网络仍然十分庞大,并且难以协调。

第二,管理推销人员挑战重重。一般来说,每位分销商有2到3名销售人员,如果以整个印度的情况为例,那就总共有6 000到12 000名销售人员,他们代理着一家消费品公司接收订单并尽力推销新产品的业务。这些人一般每月工资不足200美元,这份薪酬对保持员工的忠诚度几乎起不了作用。不出所料,在印度这样的地方,分销商的销售员工年流失率达25%至30%。[85]

第三,因为销售的功能(公司分销链上的"最后一公里")往往比较薄弱,所以几乎推广不了新产品。一般的消费品公司可能有200到300个库存单位,但是单个的小零售商可能每次的订购量只有8到10个库存单位。原因之一是他们没有这么多存货空间。而且,因为来拜访他们的推销员络绎不绝,所以他们不愿花时间坐下来一个一个地了解新的或不同的产品。每个推销员的来访目的都十分单一浅陋:补货。

第四,产品销售。在这些分散市场当中,一家大型消费品公司的合理期待就是只能有效管理大约5万家门店的销售情况。除此之外,销售点吸引顾客的能力就下降很多。[86]

消除复杂性

迪克·福斯贝里(Dick Fosbury)的跳高技术让他在 1968 年奥运会一举成名,令这项运动一夜之间发生翻天覆地的变化,几乎让人类跳高可以达到的高度翻了一倍。正确利用数字技术同样能够让消费品公司发生巨大变化,让它们打破新兴市场和分散市场的复杂局面,在覆盖范围、效率和利润方面实现真正的巨大飞跃。

方法就是转变公司产品推广的低效分销和批发系统,使之成为由消费者需求驱动而且零售商能在推广产品的过程中灵活满足消费者需求的系统。正如优步消除了调度流程一样,数字技术同样可以简化分销流程。

现在时机正好。有三个因素表明分散市场似乎已准备好做出改变,即① 移动设备激增(印度智能手机用户超过了 5 亿);② 网络无处不在(以低成本利用数据);③ 流动消费者(这是正在崛起的一代人,他们希望通过电子商务和移动技术接触到并获得他们需要的东西)。

现在需要的就是合适的数字化工具和组织。只要一家公司把合适的工具交到利益相关方手上并对他们进行适当的培训,那么就可以马上获得巨大且可持续的利益。巴西的一家饮料公司按照这种方式改变分销途径,几乎立刻就实现了销售额 4% 的增长。这是何原因? 因为这家公司把订购权交到了庞大的顾客群体手中,并且忽然之间,这些顾客第一次不用面对缺货问题。他们不需要等着销售人员来给他们下订单。此外,他们也不需要等着预先指定的分销商跟进订单。当他们需要补货时,可以直接通知这家饮料公司。该公司接收到订单后,能立即查看地区分销商和批发仓库,然后直接从有存货的最近地点发货。

还有什么额外的好处?这家饮料公司的销售员不用再负担下单和文书的工作,于是能更自由地做其他事情,尤其是花时间跟顾客谈论产品、解释产品线,以及推广延伸产品和新品。

该饮料公司通过直接与零售商建立联系,并围绕这一核心建立了一个由利益相关方组成的生态系统(包括支付伙伴、物流伙伴、销售伙伴、分销商和批发商),从而颠覆了销售和分销(S&D)。

公司不再一手包办所有事务,这意味着该公司改变了其零售订单管理、产品销售和通路推广管理的方式。

想想你自己的公司,然后依次思考每一个转变:

1. 改变零售订单管理

数字化可以改变零售订单管理,因为它:

● 让零售商按照需求“补货”。一般来说,消费品公司的推销员对每家门店都有固定的服务频率,有些是一周一次或两周一次。如果某家门店在推销员来之前就缺货了怎么办?现行的系统就是尽一切办法调货;销售人员有可能无法“不按顺序”服务零售商。但是,通过数字覆盖,零售商可以通过手机或应用软件直接联系制造商补货;然后制造商会联系最近的分销商及时送货以避免缺货的情况发生。

● 降低了服务每位零售商的成本(零售商可以通过应用程序

或手机补货,所以该公司无须经常外派销售人员)。

● 使该公司得以把销售力量转移到战略业务发展上。销售人员与其把大部分(如果不是所有)时间花在运营活动上,还不如主动通过手机提供的在线培训去更多地了解所售产品和销售技巧。如此,他们将能提高售后支持能力。他们将更轻松地梳理所代理产品的相关反馈,排出先后顺序并将反馈传回公司,以及跟踪和反馈顾客关注的问题和期待。

● 改善销售人员的工作。工作做得更好意味着更加享受工作。至少在近期,消费品公司可能还无法把销售人员的工作变成一个理想的工作,使员工流失率大幅下降。但是公司可以提供培训,在员工间开展有趣的游戏或竞赛来改善工作,以及用一些方式帮助他们更充分地了解或帮助客户和消费者。数字技术还能专门为单个销售人员的业绩和发展需求制定游戏式的培训。例如,某项培训可能专注于改善新产品的摆放。

● 拓展直接联系并提升活动参与度,根据门店是否通过软件应用或手机下单的情况来为销售人员提供动态节拍计划,从而影响积极销售和服务情况。

2. 改变商品销售

数字化可以改变商品销售,因为它:

● 实现实时图像捕获和关键绩效指标(KPI)发布,以在每家门店展示"成功案例"。通过这些信息,商家可以设计和执行竞赛或者实施零售商会员制度,从而激励门店继续改进商品陈列方式。

● 显著降低营销审计成本。这是因为它减少了消费品公司部署审计团队的需要(审计团队的唯一职责就是监控和报告分布各处的零售门店的商品陈列有效性)。消费品公司可以把省下的钱用于商家培训;还可以为销售人员提供更多成熟的培训;或者可以把这些钱注入创新。

● 能够让零售商在不远的将来可通过标注地理位置和时间的商品陈列图片来自行审计。这将会让消费品公司大幅削减销售人员的数量,或者让这些销售人员大力拓展销售版图。

3. 改变通路推广的管理方式

数字化可以改变通路推广管理,因为它:

● 实现有针对性的扩张,包括从设计和部署总体促销(实质上就是在局势未明的情况下先一一推广)到基于单个零售商优先订单和产品兴趣的个性化促销活动。

● 实现实时反馈,这就是看哪种推销方式更对零售商的胃口。由此帮助市场营销人员为对应零售商设计出强有力的"每日特价"(deal of the day)服务。

● 刺激零售商,从激励产品出货(sell-in)到影响零售商卖出(sell-out)。现在的大部分促销都着重于零售商的存货采购和店铺库存的增加,但后几个月会抵消这暂时增加的订单。我们的想法就是让重点从零售商被动囤积产品的现象变为这样一种场景:消费者购买(商店的吞吐量或卖出量)促使零售商主动订购更多商品。

4. 改变订单履行

数字化对供应链管理有重大影响,因为它:

● 使消费品公司根据零售商类型、订单规模、距离和订单性质,为零售商匹配到他们需要的最近距离和最优质的产品资源(分销商、批发商或从工厂直接送货)。

● 为批发商和不直接受公司服务的零售商之间打造一个优步模式的平台。

案例思考：联合利华中国(Unilever China)的专业化经营之路

围绕调味品的专业化经营,联合利华中国为销往餐厅的产品打造了种种活动,这是数字化带来颠覆性变革的一个很好的案例。不久之前,该公司的销售人员要给偏远地区的分散式餐馆服务的话,就必须带上罗列着他们产品的沉重目录,还要人工下单。销售差旅艰苦费力,要坐长途大巴,还得在偏远的旅馆打发无聊的时间。

后来联合利华在销售流程中引进了数字技术,实行了个"移动厨师"(Mobile Chef)项目。餐厅可以用 iPad 直接向联合利华下单。餐厅还可以访问介绍新食谱和展示制备技巧的视频。销售人员还是得长途跋涉,但现在他们的目录是线上发布的。他们可以把时间用在建立客户关系上,而不是下订单。他们跟客户谈论原材料、食谱,还有客户的特别需要、问题和兴趣。而在旅店休息或坐车的时候呢？他们可以用 iPad 多了解一些自己的产品,他们还可以掌握食谱,以及学习更多销售的艺术和技巧。

联合利华正在淘汰这项"移动厨师"计划,现在有更新的工具可以用。但是"移动厨师"作为一项开创性和革命性的数字创举,将被人们铭记。[87]

能力、颠覆和进步

　　很明显,利用数字技术在新兴和分散市场获得机会需要专业能力。许多消费品公司的高级管理团队已经开始为这些能力做准备了。

　　为解决这个问题,公司需要思考该怎样做才能提高在这些市场的业绩:广泛使用分析方法,利用自动化,打造新的项目以大规模支持零售商,通过物联网给予消费者支持,以及帮助分销商获得从银行到非银行金融公司的正规融资方案,以满足他们的资金周转需求。

　　增长分析能够帮助公司利用其数据确定特别有前景的领域,这样公司就可以优先考虑这些领域的活动。公司可以利用不同的数据来源(包括内部销售数据、零售商交易水平数据、第三方消费者顾问小组数据和宏观经济数据)来确定潜在的增长"热点"。由此得出的洞察可用于将投资从被高估(over-indexed)的市场调整为被低估(under-indexed)的市场。

　　随着数字技术的出现和精心开发,曾零星分布着销售网点的广阔土地如今变成了一个相互连接甚至充满活力的网络。以事实为基础的决策取代了凭空猜测的工作。信息有目的地传播并引发反响。顾客的忠诚度和信任在提升,销量也在增加。人们的工作变得更有乐趣。

　　只要是取得了成功,哪怕是一个很小的成功也会带来连锁反应。正如一位大型快消公司的高管告诉我说:"数字技术的出现,应用到正在成长市场中的零散分销中,就有能力解决大型消费品公司一直以来的主要挑战,即联系小型销售点和直接与消费端建立良好关系。"这个领域的数字技术具有颠覆性,用颠覆性这个词来描述是最准确的。随着我们为这些市场提供的服务越来越好,我们对人的关注也更多。我们可以更多地关注那些售卖我们产品的人,还有那些使用我们产品的人。通过技术,我们能够让一切事物更具人性化。

要点回顾

● 印度、亚洲和巴西等地的新兴市场和分散市场为消费品公司提供了大量机会。

● 对零售订单管理流程、订单履行流程、通路推广和产品销售进行改变,数字化的能力能够有效消除许多壁垒,从而有效服务市场。

● 总而言之,数字化能够帮助消费品公司更高效地管理分销,同时改进销售人员日复一日的工作并赋予店主自主权。

第八章
双引擎创新方式

2015 年的一份研究报告表明，仅有 26％的消费品公司认为致力于创新能帮助它们获得持续性的竞争优势，尽管它们同样在研发方面投入了大笔资金。[88]以家庭和个人护理用品公司为例，它们通常从收益中拨款 2.3％用于研发，然而在发达市场中，新产品大多表现不佳。[89]在美国，这些产品第一年度的销售额通常都低于 1 000 万美元，而在欧洲，1.2 万种产品中，也只有 7 种能在初次面世时收益高于这一额度。[90]

此外，还有传闻说研发团队会花一半的时间在重复性工作、冗余的设计和无目的的实验上。[91]

消费品公司需要改进它们的创新方法。一个可行的方式就是形成两个独立的创新引擎，分别致力于"革新"和"全面体验创新"。这样，每个引擎都能专注于各自领域最为重要的问题。

现如今,人们获知、检索产品信息的途径,以及选择、购买产品的方式(还可以在这个过程中选择与其他消费者、制造商和零售商建立联系)都与之前有很大不同,为了及时跟上这些日益明显的变化,很多消费品公司已经调整了自己创新的方式,专注于完善流程和产品,至少在核心品牌和产品方面是如此。但几乎没有公司敢往前再走一步,解决更大更棘手的问题,比如:我们是否安排了合适的人做正确的事?我们的资源分配是否能实现价值的最大化?除了核心产品,我们该如何通过新技术获得成长?我们又该如何促进突破性创新?

缺乏大无畏精神是公司需要正视的问题。未来对我们不断产生冲击,给我们的生活方式、购物方式以及与品牌交互的方式都带来了翻天覆地的变化,仅仅只是习惯于关注提升和增加产品性能已经不足以让公司脱颖而出。

我们需要找到一个能在最大限度上将我所说的"革新"(提升或增加产品性能,精简优化流程)与"全面体验创新"(提出全新方案,以发展品牌、促进网络效应)结合起来的方式。

换言之,如今的消费品公司需要两个创新引擎,其中一个专注于通过提升产品性能、完善服务(同时注重效率)来维持市场份额,另一个着眼于前沿领域,旨在尝试新事物或改变格局。现如今的所有消费品公司都拥有革新引擎,尽管很多公司还未能摆脱过时的运作程序。但大多数公司都缺乏一个相应的创新引擎,更不要说一个灵活的跨职能部门,以为该引擎提供繁荣发展的合适环境。

这两大引擎需要有所区别,以便它们能以最佳的方式运作。

尽管这两个引擎的领导者都需要关注诸如速度、风险和评估等问题,但他们对这些主要问题的阐释将会(也必须)极为不同。对比一下大型企业和初创公司,革新是否成功需要以市场化的速度为衡量标准,减少在低价值、低风险活动上的资源投入。创新是否成功则取决于学习的速度,即需要多久才能迸发新的想法并付诸实践。此外,为每个引擎提供动力所需的技能也有所不同。事实上,很多消费品公司都陷入了创新上的困境,在我看来,产生这些问题的根源在于它们的团队试图同时采取两种不同的方法,却在过程中停滞不前。

重要的是,虽然我强调不同引擎区分的必要性,但我不是在说公司需要为每个引擎创立一个筒仓。相反,中心思想是每一个引擎能够专注于创新的一个方面,而无须分神于对方的责任。两大引擎都需要检索同样的数据,运行高级分析技术,从互联产品和消费者的角度来考虑问题。但每个引擎都会有各自的战略。革新将聚焦于那些直接摆在品牌面前的问题,如消费者的需求及期待、竞争对手采取了什么样的举措,以及如何从现有的局面中获得更多等方面。换言之,它将把重点放到如何在竞争的市场中脱颖而出上。创新是一种对眼前可能会发生的事情的展望,想象现在还不存在的可能性。无论是哪种展望,都能从合作伙伴的生态系统中以众包的方式获益,抑或为其他公司的展望/生态系统做出贡献,实现共赢。

两大引擎互相补充,使得双方都能发挥各自优势。思考一下:更为有效的革新并不仅是加快现有产品投入市场,而且还能腾出充足的人力和财力来更高效地促进全面体验创新,帮助它们及时在市场上推出。与此同时,全面体验创新引擎还能为革新引擎减负,让那些致力于革新的工作人员将重心放在利用数字技术简化流程、通过逐步改进来尽可能获得最大利益上。

通过革新引擎获得最大价值

以革新为导向的创新通常采取渐进的方式:增加功能、提升性能、打造新口味、新气味、采用更加符合人体工程学的包装、将互补产品增添至产品线。这些革新工作往往是对信息的回应,如传统销售报告等,这些信息从市场流向公司需要经历一个漫长的过程(以今天的时间概念来衡量),还包括专题小组调研结果等有限的消费者数据信息。

这些活动成就了现在的局面。它们很宝贵,企业也明白要想很好地管理和推进它们需要做些什么。遗憾的是,这些革新活动是对资源的巨大消耗。约有 60% 的研发活动价值不高,研发人员约一半的时间都被花费在了不能创造丝毫价值的工作上。[92]然而,在没有过多干扰的情况下,数字技术甚至能改变固化的革新进程,从中释放价值,从而投入到高效、变革性的创新当中。

以宝洁的"虚拟现实中心"为例。第一家"虚拟现实中心"于 2004 年开业,目的是为了通过这些工具帮助宝洁缩短产品上市时间,快速确定有助于成功的营销方案。宝洁很快就发现这一想法并变成了现实,提升了三大方面的能力。[93]

● 虚拟购物模拟——通过虚拟展示,宝洁可以确定最为有效的上架策略,准确地满足消费者需求,缩短产品投入市场的时间。

● 与零售商建立合作关系——宝洁与零售商共享虚拟现实的调研结果,帮助它们优化店内的产品组合,合理进货,打造独一无二的店内体验以更好地满足消费者需求。

● 产品设计流程——通过使用虚拟原型和场景,宝洁能高效率、低成本地从消费者那里获得反馈,为产品/包装设计提供参考意见,并通过构建和测试更少的物理原型来降低成本。这些中心大大缩短了宝洁测试包装设计所需的时间,对于一些产品而言,时间由原来的几个星期减少到了现在的几天甚至几个小时。

头戴式虚拟现实将再次颠覆这一策略。如果个人虚拟现实设备成为主流,消费者就不会选择前往消费品虚拟现实中心,而是在家里舒舒服服地测试展品、包装和商店布局,等等。[94]消费品公司还可以通过使用这些设备来培训零售商。

与此同时,可口可乐公司于 2009 年推出了自由组合式软饮售卖机(Freestyle soda machines)。传统的饮料售卖机中含有一个体积庞大的配料盒,可调配出 6~8 种饮料,而自由组合式软饮售卖机使用一个个小型的筒仓来容纳浓缩成分,可为消费者提供上百种饮品选择。[95]但这并不仅仅是客户选择上的突破,联网的自由组合式软饮售卖机同样是实时信息的可靠来源。可口可乐公司自由组合式软饮售卖机的全球产品战略负责人克里斯·丹尼斯(Chris Dennis)表示:"这些机器具有分析能力,它们可以跟踪每个泵的运作情况,自动补充筒仓,调用软件实时更新内容。这种筒仓甚至有无线射频识别功能(RFID),因此我们每晚都可以通过位于世界各个角落的这些设备了解软饮的库存量和销售情况。"[96]可口可乐公司已经找到了一个新的途径,几乎可以毫不费力地测试新配方在市场上的接受度,掌握消费者的消费习惯,而不需对消费者进行味觉测试等调查。

耐克的 Making 应用程序(Making App)也很好地展示了该如何重新思考传统创新问题,提高效率,减少浪费。耐克根据多年来对产品材料的研究和分析,建立了材料可持续性指数(MSI,Materials Sustainability Index)数据库。耐克的设计师在设计过程中会根据这个数据库尽量减少产品对环境的负面影响。数据库还对属于可持续服装联盟(Sustainable Apparel Coalition)的公司开放,该联盟是由服装和鞋类公司组成的行业团体。在这个数据库的基础上,Making 应用程序应运而生,这款应用程序基于四种环境影响因素:水、化学物质、能源和废物来对材料进行排序,设计师可以自行下载这个应用程序。耐克抓住了这个机会,不仅实现了产品创新过程中的省时、节能、环保,而且还引起了新一代的设计师对可持续性的重视,致力于创造更具可持续性的产品。[97]

消费品公司还可以考虑一下与致力于简化革新流程的第三方合作,这会带来一些潜在的利益。总部位于纽约的信号分析公司(Signals Analytics)服务于多个行业,利用数据科学提高新产品开发的成功率。为了分析数据并将分析结果纳入产品组合战略决策的考量中,该公司创建了信号手册(Signals Playbook),基本上实现了市场调研过程的自动化,而在以往,这项工作需要由顾问完成。

在过去的几年里,Signals 团队在与一家零售商的创新负责人合作时,通过信号手册帮助该公司重塑了产品组合中的牛仔品牌。这个曾经标志性的品牌一度失去了光彩,被市场所淘汰,但零售商觉得它仍然具有前景。该手册对消费全景进行了评估,从这个品牌在市场中的地位、哪些利益能触发消费者情绪、竞争对手的战略计划以及不同类别技术的发展状况(尤其是面料)等方面展开。这表明,消费者不仅要求材料上要有所创新,还期待接收更丰富的信息,找到一个能再次与品牌建立联系的稳定途径。基于这些建议,客户重新推出了该品牌,新产品实现了以往未能满足的消费者三大方面的需求——舒适性、时尚性和吸汗性,消费群体有所扩大,销售额增长了 3 倍。为了确保创新能紧跟时代,该公司一直致力于通过其监测系统进行数字创新。[98]

革新组合本质上是为了能够管理更多小的举措。正如我们所见,数字技术可以从以下方面改进传统流程:通过众包来集思广益,用预测分析方法和先进的模型技术取代传统费时的焦点小组和测试小组,利用虚拟现实技术来优化设计和创新,同时降低成本、减少浪费。消费品公司能通过先进的数字技术简化革新过程,促进创新。

发挥创新引擎的最大价值

我之前提到过,新兴技术的出现使得消费者对服务和体验有了新的期待。以移动电视为例,随着越来越多更为快捷强大的智能手机与同样快捷强大的移动网络连接的出现,移动电视应运而生。例如,娱乐体育节目电视网(ESPN)的内容供应商一直在不断地改进自己的移动服务,现在已经包含了流媒体应用程序,就 ESPN 而言,任何人只要订阅了 ESPN 的有线电视,就可以使用这一应用程序。这些类型的流媒体服务已经为 ESPN 等电视内容的消费方式设立了标准,而这在 4G 网络和 LTE 网络出现之前都是不可能实现的,在智能手机普及之前从经济角度考虑也是不可行的。

然而,消费者的期待越来越高,这并不是某个行业特有的现象,各行各业、各个渠道都是如此。当我们这些流动消费者能因数字技术在生活某方面获得切实好处时,我们马上就期待能否在其他方面也同样受益。

技术、消费者期待和新的商业模型构成了一个三角形,三者之间一直在互相拉扯。新兴技术扩大了可能性的边界。随着消费者越来越了解新兴技术能带来什么样的体验,他们要求在其他领域也要有同样的体验。这些技术通常辅以新的商业模型或补充技术延伸到其他新的行业,通过全新的方式向一群不同的消费群体提供这些体验。

这三大力量的交点则是创新引擎的最佳位置,想象一下引擎在三大汽缸的驱动下运行。它需要具备充分利用公司内所有资源的能力,重新塑造这些资源来推出新的产品或服务。与此同时,还需要从宏观的角度看问题。创新引擎需要有自由的空间、灵活应变的能力和足够的资金,才能够将其他领域的新技术(面向消费者的技术、生产和物流技术)运用到本领域,给消费者带来新体验。

诀窍是要确保这三个方面的信息是互通的。为这个引擎工作的团队必须要同时考虑三个方面的问题。

……他们尤其要关注以下技术：

● 人工智能

● 大数据分析

● 物联网

● 全方位渠道电子商务

……考虑消费者倾向,如：

● 正品的重要性

● "随需而变"的期待

● 共同创造与社会事业意识

……考虑订阅模式等颠覆性的商业模型和商业结构——优步、空客和美元剃须刀俱乐部目前在这些领域位居榜首,但到这本书问世之时,毫无疑问格局又会发生改变。

开启全新创新双引擎模式

要想开启双引擎创新模式,首先需要评估一下公司的进展。回答以下问题：

(1) 我们是否跟上了市场发展的步伐? 创新投资回报率是否低于我们的预期? 我们是否缺乏创新资源?

(2) 我们近几个月或近年来的哪些创新活动属于革新? 它们又是否驱动了突破性的创新? 我们能否更好地利用数字技术以改进革新或激发创新?

（3）我们该如何同时利用高效的革新引擎和有效的创新引擎？我们如何才能区分两者？我们能否调整运营模式，让两大引擎独立运作却依旧能够彼此互补？[106]

（4）我们是否能让创新团队统筹好有关消费者、新兴技术和商业模式的工作？换句话说，我们是否拥有：人种学专家、服务设计人员（专注于从概念到概念验证的产品和服务开发）、商业规划人员（主要致力于商业模式和策略）、开发与运维人员（关注于如何将"开发"与"运营"结合起来，如何与其他软件开发者、IT专业人员和产品设计师开展交流与合作）、技术人员、数据科学家和工程师？

思考这些问题之后，下一步就是要考虑公司该如何为创新引擎开辟空间。好的团队只有具有创始人心态和创业精神才能充分发挥自己的潜力。创新团队必须能够预见未来趋势，提出新颖概念，并证明这些概念的可行性。就算在过程中会经历失败也是合情合理的，因为只有这样才能勇于冒险，获得经验教训。

资金投入需要有间歇性，与初创企业获得风险投资的方式一样。正如新创办的小公司，创新引擎在高潜力概念的试验阶段需要强有力的支持。实际上，创新团队项目会从类似于初创企业的结构中获益，团队能从创新管理中心获得资金和支持，直到公司决定将完全成型的概念商业化，在成功推出后，从创新阶段迈入运营阶段。一些公司通过回归创新推动这些团队的发展；还有一些公司会给这些团队设置特有的挑战。创新引擎的一个有趣例子，即通用电气微工厂（GE First Build），是通用电气的一个分支机构/"初创企业"，专注于研发家电设备。[99]

转变创新思维

依然侧重革新,而将少许火力集中于全面体验创新? 这无可厚非,消费品公司都希望能以最少的投入获得最大的利益。

然而,今天的创新在 15 年后算不得什么,那时候什么又是"新"呢?

对于消费品公司的领导者来说,更艰难的事是要逐渐了解自己的核心竞争力,有了充分的了解之后,公司才会走得更加长远。

要点回顾

● "革新"就是提升或增加品牌属性,与此同时,简化和优化整个流程。

● "全面体验创新"聚焦于提出新的解决方案,品牌能通过这个过程利用或促进网络效应。

● 消费品公司的大多数创新在本质上还是"革新"。

● 提出突破性想法会在公司内部引起摩擦,因为它会在很多方面与降低成本、较为快速有效地向市场推出改进版产品等需求发生冲突。

● 双引擎创新方法能够为这一难题提供一个解决方案,一个引擎关注于革新,另一个引擎注重于体验创新。

● 在双创新引擎方法中,全面体验团队的运作方式非常像一个初创企业。

● 现有的革新过程能够也应该在很大程度上实现革新自主化,主要是通过数字技术和由此实现的流程。这不仅能促进革新本身,还能简化革新过程,为创新引擎腾出足够的空间。

● 创新引擎必须要在三大汽缸的驱动下运行:新兴技术、消费者预期和新的商业模式。每一个汽缸都需要时刻处于开启状态,彼此互通。

第九章
从"新常态"营销框架入手

数字增长的四大支柱可以确保在流动消费者时代,消费品公司能为开发和强化令人向往的品牌和品牌信息做好准备,而且做出承诺之后,要用长远的眼光看问题,秉承可持续发展理念,切实执行。

然而,很多消费品公司的领导者面临的紧迫问题是公司里不同部门的处境都各不相同,它们适应和利用各种数字技术的程度都有所差异。

考虑到这一实际情况,又有找准公司定位的需求,以便长期为流动消费者提供优质服务,数字化的营销框架成为首选方案。也就是说,从一开始就将重点放在开发数字业务模型上,有目的地将营销、销售、信息技术以及通用商业系统(GBS:Global Business Services)联系起来。具体来说,消费品公司可以通过混合方法去了解中心化和去中心化结构的特性,这能让它们受益良多。

我们如何才能从一个移动(数字)化程度很高的公司手中夺得订单？我时常从客户和出差途中遇到的其他人那里听到类似问题。这一点我深有同感。

数字增长的四大支柱构成了一个组织框架，我认为它有助于消费品公司的领导者和管理人员思考该如何利用数字技术来构想、营销和壮大自己的品牌。

但实际情况是，对于大型消费品公司而言，几年前数字就开始以不同的速度和深度渗透公司内部的不同部门。对于大多数公司来说，现阶段还没有办法确保进入数字时代的这个旅程能平稳和稳健。船已经扬帆远航。

有些部门已经远远领先于其他部门；而在每个部门内部，也有一些人会比其他人更具前瞻性；即使是大家眼中"最早适应"的领域也面临着预算紧张的问题，因为它们试图及时掌握最新的数字技术。此外，公司的一些不同领域可能对消费者有着深入的了解，但各个领域之间还存在着沟通和体制障碍，导致每一个独立的部门无法获取或了解公司收集到的每一位消费者的信息。可以肯定地说，在撰写本书时，还没有哪一家消费品公司拥有足够成熟的方法解决数字消费者问题。

在这种情况下，我看到很多消费品公司的高级经理都面临着前所未有的压力，因为他们需要时不时考虑一个又一个跨部门和跨地域的新提案，努力找到公司的平衡点，在不浪费资源的前提下创造出最具吸引力的品牌。

需要记住的一点是，如果一些部门已经远远地领先于其他部门，只要你现在能巧妙地利用数字技术革新整个公司，这对于公司来说就是有利条件。其目的是促进整个公司的信息流动和相互交流。筒仓结构逐渐瓦解之后，会形成一个永久的反馈环，走在前列的部门能不断地带动其他部门。

所以，需要通过一种结构化的方式让高管能够处理手头的重要任务。具体来说，要首先从市场营销的角度来考虑这个问题，然后通过这个视角来构建一个能将营销与销售、信息技术以及全球业务服务（GBS）联系起来的新的数字业务模型。

为此，我将在本章简要描述一下消费品公司的领导者可能会如何开始构建这个模型，一旦启动运行之后该模型又会呈现什么样子。

采用混合营销方法

如今，大多数消费品公司要么集中控制大部分的营销工作，要么采用高度本地化的营销方法。两个方法各有利弊。

如果由一个中央职能部门掌控所有营销活动，通常情况下工作会更为高效。此外，不会有信息之间相互冲突的可能性，对营销工作质量的控制也是直截了当的。然而，在这种中心化的结构中，营销工作从本质上而言是脱离消费者的。公司会时常陷入一种营销活动不符合本地市场的艰难境地。

如果是采用本地化的营销方法（按照国家甚至是地区来划分），这无疑会更加接近目标消费群体。然而，经常会有推倒重来的时候,这会带来时间、精力和资源的浪费。

但是,如果公司能利用数字技术创造出一个能最大限度兼顾两者优点的混合方法呢?如果本地化的营销推广工作可以借助数字中心呢,比如网站模板和其他的宣传材料?如果本地化的品牌推广可以从其他品牌的相同工作中收集到数据,集中分析后摸清每一个市场呢?如果本地化品牌决策者能够有该中心的内部服务专业知识作为支撑呢,比如公司有专门从事某一项服务并能从公司公布的所有信息中获益的团队?

这种混合模型基本上都由三部分组成。第一部分是**规模**中心,这个高容量的引擎负责市场营销工作、标记数字内容、创建社群聆听报告。一般来说,设置这个中心是为了更高效地提供和执行数字服务。它会通过公共平台和人工智能来自动处理重复性的任务。第二部分是**能力**中心,致力于为众多品牌和市场提供高端的数字服务(例如,数据科学家为消费者细分数据建模;销售和服务人员与消费者直接互动)。第三部分则是**当地**组织,负责驱动本地化的品牌策略、开展符合当地法规的数字营销工作,同时在当地进行销售活动。该组织会对全球活动进行调整,以迎合当地市场的品位和需求。

带着这些想法,请向你的首席营销官、首席信息官、首席运营官和首席财务官明确地提出以下问题,尽可能地说服他们去思考未来,而不是停留在现在或过去已经发生的事情上:

首席营销官需思考

关注整体营销:我如何才能开展一个最为协调的全渠道营销

活动？如何才能融合创新思维、媒体传播和消费者洞见？如何才能改进我的经销商代理模式？

首席信息官需思考

专注整体架构：在运用可扩展、适应力强、性价比高的信息技术的同时，我该如何创造市场营销的辉煌？

首席运营官需思考

关注能力：我本身需要具备和发挥什么样的才能？我该如何在全球范围提供数字内容服务？

首席财务官需思考

关注价值：新的标准营销"会计科目表"是什么样的？我该如何衡量我们在营销活动上的支出，又以什么为判断标准？

如果以上这些问题能得到一些理想的答案，团队又能否设想出数字驱动的营销工作会是什么样的？我相信他们有这个能力。我猜它可能会像图 9.1 最右列所呈现的那样。[100]该图从左到右分别展示了本地化(去中心化)的营销方法、中心化的方法以及利用数字技术同时满足两方面需求的混合方法。

通过这种混合方法，两个极端(中心化和去中心化方法)能够结合各自的优势有效地利用数字技术彼此互补。该混合方法并没有倾向于哪一个极端，而是创建了一个高效的"工厂"模型，即公司

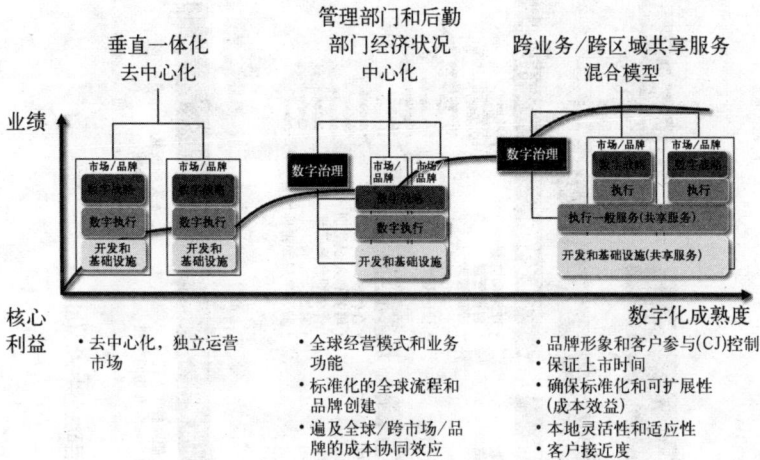

图 9.1　混合模型的营销方法尽其所能地
维持价值和控制客户群体

会有一个强有力的中心提供各种服务,作为本地化营销活动的后盾。

　　关键问题在于过去对中心化和去中心化的划分过于简单,忽视了细节,但现在通过数字技术我们可以摈弃这些界限,建立一个中央枢纽与本地基地互相交流信息。这样的话,不仅可以维持具有针对性的本地营销活动的优势,而且还能继续通过更为广泛的适用于各个市场的营销材料来精简工作。最重要的是,开展营销活动时,会有大量的实时数字信息传回公司,通过利用这些日益精细的数据,中央枢纽能够快速确定哪些方法有效,再与前线基地共同努力优化相应材料。

　　图 9.2 提供了中心化数字服务布局的一种可能性。

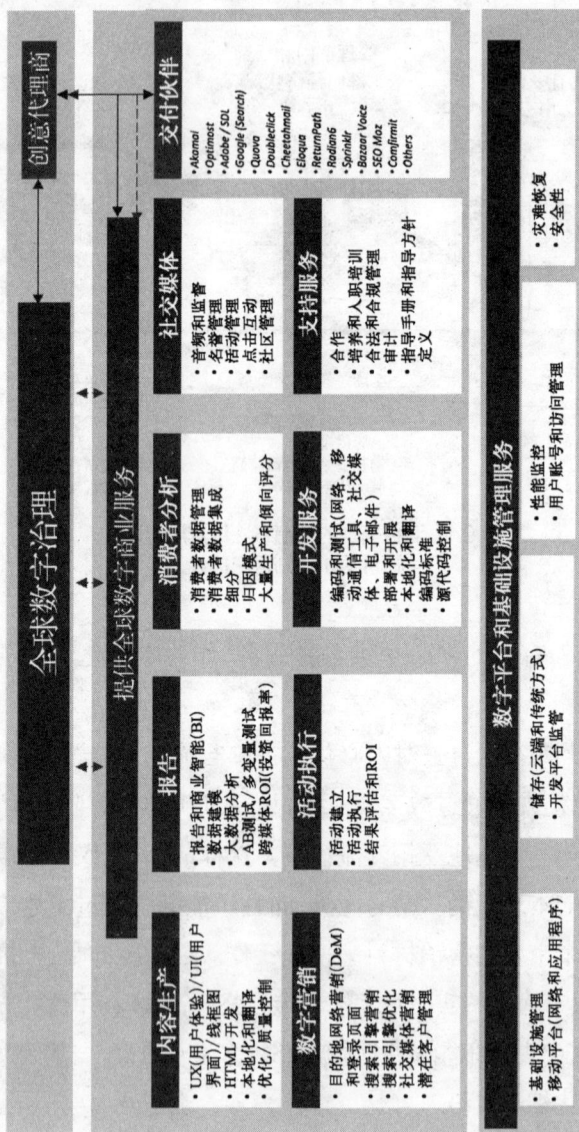

中心化数字服务：可能的产品组合

创意代理商

全球数字治理

提供全球数字商业服务

支付伙伴
- Akamai
- Optimost
- Adobe/SDL
- Google (Search)
- Quovo
- Doubleclick
- Cheetahmail
- Eloqua
- ReturnPath
- Radian6
- Sprinklr
- Bazaar Voice
- SEO Moz
- Confirmit
- Others

社交媒体
- 音频和监管
- 名誉管理
- 活动管理
- 点击互动
- 社区管理

支持服务
- 合作
- 培养和人职培训
- 合法和合规管理
- 审计
- 指导手册和指导方针定义

消费者分析
- 消费者数据管理
- 消费者数据集成
- 细分
- 归因模式
- 大量生产和倾向评分

开发服务
- 编码和测试（网络、移动通信工具、电子邮件、社交媒体等（软件）
- 部署和开展
- 本地化和翻译
- 编码标准
- 源代码控制

报告
- 报告和商业智能(BI)
- 数据挖掘
- 大数据分析
- AB测试/多变量测试
- 跨媒体ROI(投资回报率)

活动执行
- 活动建立
- 活动执行
- 结果评估和ROI

内容生产
- UX/(用户体验)/UI(用户界面)/线框图
- HTML开发
- 本地化和翻译
- 优化/质量控制

数字营销
- 目的地网络营销(DeM)和容器页面营销
- 搜索引擎营销
- 搜索引擎优化
- 社交媒体营销
- 潜在客户管理

数字平台和基础设施管理服务
- 性能监控
- 用户账号和访问管理

灾难恢复
安全性

- 基础设施管理
- 移动平台(网络和应用程序)

- 储存（云端和传统方式）
- 开发平台监管

业务协议

142

图9.2 "工厂"模式为本地化的营销活动提供中心化服务

成果：一个灵活的模块化体系

在混合方法中，品牌需要负责战略的提出和执行，但有了中心化的服务之后，品牌的工作将会更加高效，还能得到更有力的支持。品牌在展开活动测试、调查、数据收集和分析等活动时的负担会大大减轻，因为中央层面会支持甚至推动这些活动。此外，本地化的营销活动能为整个公司和其本地市场提供重要数据和认识。通过混合方法，公司可以利用它在所有本地市场上收集到的信息。开展新活动并不意味着你每次都需要从头开始。

更为确切地说，混合方法能让营销活动的开展变得灵活、模块化。

如图 9.3 所示，品牌守卫者可能会首先选择功能，即与消费者互动的方式，其次是服务模型，最后是供应商。在通用商业系统上

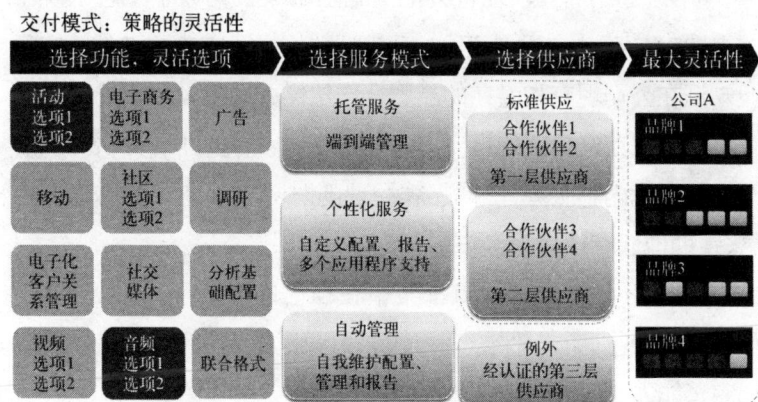

图 9.3　混合模型的营销方法尽其所能地维持价值和控制客户群体

的每一次接触都能使品牌守卫者获得必要的支持,并促进这一
过程。

为大范围转型播下种子

从更大的层面上来看,混合方法不仅转变了公司的营销方式,
而且能为更大范围内的文化转型播下种子。

今天,信息技术能有针对性地满足消费者需求以促进业务,在
符合公司标准的前提下保持工作的高效。

明天,信息技术又将承担协调者的工作,对创意和想法进行考
察和管理,再通过各个部门落实。信息技术还是会遵从公司标准,
但现在它还将积极促进公司规模的扩大,服务于各个部门。

今天,通用商业系统的员工可能会将自动化和数字化视为一
种威胁,因为它们可能会导致资源减少、对产品失去控制。

明天,通用商业系统将会把员工培训成公司数字生态系统中
的重要参与者,从本质上来说,就是把他们打造成能通过深厚的专
业知识在公司现有和潜在的品牌合作伙伴关系中发挥指导作用的
重要顾问。在这个新的世界里,这些人会不断地回顾、更新提供给
企业的全套内容服务,使得品牌经理随时随地都能获取所需的信
息,帮助他们有效地为客户和消费者"策划"。

今天,公司的主要焦点都集中在自己的业务上,将风险最小
化,尽量不要创新,以保障公司能够更长远地稳定运作,在公司内
部完善能力和服务……

明天,公司将融合第三方的能力和服务,跟上数字创新的步

伐,确保最佳的市场定位。

恰当地发挥这个模型的作用可以带动整个公司的发展。它可以证明各种可能性,让服务于流动消费者的员工相信公司知道在更大的局面下需要做些什么。

就是现在,切莫错失良机

在我看来,如果公司还不开始协调数字化的市场营销工作的话,将来回过头来再做这件事将会耗费巨大成本。

现如今,营销策略更新换代的速度比以往任何时候都快。甚至连语言都随着一些常见品牌建设工具的演变而不断发生改变。"社群聆听"是新的消费者反应研究小组。"生态系统创新"是新的研发工作。"内容创造"是新的广告业务。"数字资产"是新的货架展示。有时候,"结盟"是新的产品特征。有时候,"订阅"是新的定价模式。

现在是开发一个新的模型,支持这些新兴工具,并充分发挥它们潜力的时候了。

要点回顾

● 在这个新时代,只有初创企业才能有幸从一开始就调整其数字能力。对于大多数消费品公司而言,不同层次的数字技术存在于公司内的不同部门,很多是不相连的。

● 在这种环境下,迈出整个公司实现数字品牌全面发展的第一步总是异常艰难。

● 如果想要推动整个进程的话,可以先关注市场营销本身,然后努力将全球商业服务、营销和销售,以及信息技术联系起来,以便市场营销可以从中心化的服务中获益,优化本地营销活动。

结语——展望未来
为 20 年后的流动消费者提供服务

本书从高层次的视角帮助消费品公司分析该采取什么样的措施来推动数字品牌的增长。

通过这些零星的想法，我希望你能与我一起突破思维的界限，思考如果数字品牌增长能充分发挥其潜能的话，2035 年会是怎样一番场面。

随着技术的飞速发展，我们对于未来最好的猜想也只能是猜想。即使现在我们已经掌握了很多数据，能看到各种模式的数字能力层出不穷，我们也无法做出比猜想更为合理的事情。尽管如此，在我们眼中及期待中，消费品公司都会以令人惊讶的方式来创造、定位和营销品牌。如果今天的消费品品牌决策者能欣然接受各种可能性，我相信他们能将这些可能性变为现实。

过去几年里，我们见证了一些真正令人震惊的科技进步。机器人Philae成功登陆彗星，传回了人们从未见过的数据类型，还运营着自己的推特账号并相当受欢迎。[101]与此同时，美国国家航空航天局(NASA)的新地平线探测器(New Horizons spacecraft)向我们传回了一些有关矮行星冥王星的表面及其卫星冥卫一——卡戎(Charon)的详细照片，令人惊讶。无论出于什么样的目的，科技的进步总能被应用到医疗和商业领域。随着科学技术的不断进步，医疗和商业领域无疑会从中受益。

这能从一方面解释我为什么会坚信我们今天所看到的数字技术激发和推动消费品公司变革只不过是冰山一角而已。这也是为什么我会认为数字技术改变我们生活的速度只会越来越快。

也因此，我想在这一章展望一下未来。未来还未被书写，谁又能确定2035年的我们会在哪里？但是，随着数字技术不断渗透和影响消费品世界，我相信至少可以自信地说以下三件事：

第一，品牌仍会在我们生活中占据重要地位

品牌是我们与自己青睐和信任的产品和服务产生联系的非常人性化的方式。它们能让我们认清自己，表达自己的期望。品牌不会消逝。但是，在这个不断发展的世界中，体验型和实用型品牌都需要立足于品牌平台，以获得长期发展。这些平台将主要用作数据中心，通过这些数据中心，品牌生成由用户、积极反应的品牌设计师和管理者提供内容的对话式反馈循环。毕竟，利用这些中心收集到的信息，从数据分析中得到有见地的结论，将是提升品牌知名度和建立品牌资产价值的最有效途径。

有远见的消费品从业人员已经在设计工具来帮助品牌守卫者摆脱对净推荐值(Net Promotor Score)等滞后指标的依赖,而转向可以反映可操作性的参与度衡量标准。由埃森哲及其旗下公司Fjord 公司设计的"爱的指数"(The Love Index)就是这样一个工具。"爱的指数"通过五个维度来判断消费者与品牌关联的"高峰和低谷",以衡量消费者的参与度,这五个维度分别为:趣味、关联、参与、社交和帮助。这些维度的结合能反映消费者的行为和与品牌的情感纽带,可以与竞争对手和行业颠覆者的相关"爱的指数"评估相比较。有了这些调研结果之后,公司可以采取措施来打磨品牌、优化品牌信息。[102]这种高质量的数据分析方法从今天开始将会成为一个高度有效的工具,对于面向消费者的企业的未来生存至关重要。

并且,随着负责人经过深思熟虑不断解决问题,我们会看到品牌作为一种"活力服务"(living services)这一有趣的新生概念将会越来越接近现实。我在本书中一直在提及消费品公司会建立一个错综复杂的接触点的连接或网络,以帮助品牌捕获消费者数据,为消费者创造更多价值。到 2035 年,这些接触点无疑会取得飞跃性的发展,而控制它们的品牌或与之相关的品牌将会成为真正的数字看门人、助手和伙伴。[103]

这些品牌将把今天的传感器技术、云计算和数据分析能力结合起来,为消费者提供品牌服务,实现他们想要的生活方式。它们会采用现今的技术创新,为未来带来不可或缺的服务。它们将具备情景意识,能根据天气变化、场地更替、消费者情绪或健康状态,甚至是银行存款的浮动来做出相应反应。活力服务发展成熟之后将会成为消费者生活中的导师或伙伴。它们将了解我们、指导我们,并不断地灵活变通,参与消费者的生活,发挥相应作用。[104]

最佳设计的活力服务很有可能会像魔法一般地为我们的日常生活带来惊喜、喜悦和惊奇,从而提升我们的生活质量。这一影响将是深远的。它们将从我们的所知、所爱出发,以适合我们的步调帮助我们开阔视野,扩大我们的知识储备,抓住我们的眼球,而不会让我们有压迫感、产生烦恼,或因为物流障碍而负担满满。它们将基于我们生活的各个方面建立起高度有效的联系,从医疗、健身、营养到时尚、舒适等方面。[105]

有趣的是,在活力服务成熟到能为流动消费者所用之前,它们可能会更多地作用于建筑、设备、工厂和机器的服务和维护。这些服务将对经营各种企业和行业的经济情况产生深远影响,尤其是消费品行业。这些经济因素将在很大程度上决定消费品企业能否为开发消费者活力服务投入资金。[106]

第二,发达世界(及其高度自动化的市场)和新兴市场的差距将会不断缩小

数字技术将创造一个公平的环境,供新兴市场或分散市场和发展完善的成熟市场之间展开竞争,我们至少会看到,在当今的消费品市场中,一些基于物流的不公平现象会慢慢消失。活力服务能提高建筑、设备、工厂和机器的工作效率,也将进一步推动进驻市场战略,通过市场营销、促销活动和各种方便获取的产品和服务吸引新的消费群体。

今天,新兴市场的城市地区与发达市场已无太大差别。它们在数字服务和消费者行为方面变得越来越相近。

"手工"贸易也将兴起,得益于数字技术,规模较小的生产商能与意向消费者直接产生联系,更容易在高度集中的城市地区销售产品。

2015 年,美国的消费品销售额很好地证明了小企业的力量——在一个增长速度极其缓慢的行业中,排名前 25 的食品和饮料公司占类别销售额的 45%,但仅推动了 3% 的销售额增长。剩下的 97% 的销售额增长都得益于小企业的力量。进一步说,这97% 的销售额增长中,有 23% 来自私人品牌,25% 来自排名 26～100 的中型企业,还有 49% 都来自剩下的 2 万多家小型企业。[107]

第三,尽管制造商和销售商之间的界限可能会越来越模糊,零售业不但不会消失反而会重生

100 年后,即使在网上可以轻松地买到任何产品和服务,零售商店仍然会存在。事实上,几年后,零售业会经历一次重生,但可能会在保留一些传统特征的前提下采取新的形式。

有生之年,我见证了零售业翻天覆地的变化,从原来小店铺和市场的老板和员工可以清楚地知道每一位消费者的名字,到现在零售店变成了一个不再那么人性化的场所,企业所有者仅仅是在那儿储备库存。线上销售由于便利性和对库存单位的访问量超过我们的运算能力而蓬勃发展。实体商店也因此受到影响。然而,零售业的核心是一种社会体验。随着越来越多的零售商关注消费者体验,零售业在这个新的世界里很有可能会再次成为社会互动和可靠建议的中心。

事实上,将精品店分类这一想法有很大的可实施性,店主能借助数字技术从各种各样的产品中为每一位消费者或小众消费群体提供最佳选择,达到流动消费者的标准。

如今,很多流动消费者都生活在高度智能化城市的全面联网的住宅里,这些消费者依赖高效率的送货网络,从前"将产品堆成高山廉价销售""实现商铺每一平方英尺营业额的最大化"的方法将不再适用。取而代之的将是原有模式的全面升级版本。比如伊斯坦布尔的大巴扎市场(Istanbul's Brand Bazaar),数字化的程度就达到了前所未有的水平。

从实际情况来看,我们可能会发现各种消费品,包括目前在数字化上滞后的产品,如新鲜食品、家具或者 DIY 工具和服装等,都可以实现线上订购,很多产品也即将实现这一点。在未来,有些产品甚至可以在当地的微型制造中心"打印"。

但我们也可能会看到更多的消费者蜂拥到集市上,在那里见面、吃饭、喝酒和社交,周围是集中的零售场所,这些场所的价值与其规模和店内库存不大相称。这些场所本质上将会成为高度个性化但又受到严格管理的体验型品牌的"体验中心"。

每个"体验中心"都会拥有各种各样的最新小装置,以便在消费者下数字订单之前,就能实现虚拟亲身体验。通过实体品牌店的虚拟现实中心,消费者将能体验零重力飞行,抑或驾驶着法拉利穿越加拿大平原。你或许可以通过一个数字扫描仪测量自己的身材尺寸,量身定做一件风衣,与此同时在一个大大的 LED 面板上仔细研读其他的配件产品。当你将太多技术横亘在你和世界之间的时候,你可能会错过一位细心而又了解详情的导购员,但在未来你却能与他进行一次愉快的交谈。这些人将会成为自己所代表的产品和服务方面的专业人士,而绝非那种对自己要销售的产品了解甚少的一线员工。我在写这篇结论的时候,安德玛宣布要在曼哈顿第五大道的零售区域——之前施瓦茨玩具商店(FAO SCHOWARZ)占据的地段开店,安德玛的首席执行官凯文·普朗克(Kevin Plank)评论该公司渴望创造"零售业有史以来最令人惊叹和激动的消费者体验"。[108]

产品经理将会得出这样的结论:实体店不可能完全消失,它们对于潜在消费者来说是一种品牌锚点,是能让他们触摸、感受和体验真丝外套、手提包、自行车和几乎所有其他东西的展示厅,在这之后,他们可以随时随地将产品加入购物车,如果需要的话,还可以在当天发货。因此,在当今规模更大的零售市场,比如超市,我们可能会看到各种消费品团队租用展示区,"迷你大使馆"旨在提供小空间的多个接触点。更大的零售场所将有足够的空间出租,因为它们不需要储存今天需要出售的实用型品牌产品。想想看如果现在的超市能淘汰掉成百上千个摆满实用型品牌产品如厕纸、牙膏、除臭剂、清洁剂和洗涤剂的货架,超市又会变成什么样子? 到 2035 年,零售商可能仍会在运营零售商品牌方面表现突出,但他们的主要角色将是"集市"的所有者、运营商以及面向消费者和企业的物流专家。租金将成为他们的主要收入来源。

如果这些情况发生,可能会带来一个有趣的意外结果,即流动消费者会无意间变得更为保守。也就是说,当我们出于使用目的购买实用产品,我们购物是为了体验,我们可能会减少消费频次,因为我们会在家里少储存点东西。这不是说我们会少洗澡,少做饭,而是说如果我们无须在家里维持库存的话,我们就不会消费了。今天流动消费者的消费习惯是在低效体系的基础上发展起来的。如果系统不再浪费资源,我们也可能会变得更为高效。

在本书的初稿中,我经常使用"魔力"一词。我震惊于数字技术为我们带来的巨大潜力,找不到更好的方式来描述我们的未来。如果今天的消费品世界位于"A 点",我之前考虑的则是"C点"——活力服务,我也曾为未来可能会呈现的样子而感到惊叹。制造商和零售商之间的区别越来越小,我们曾经认为毫无关联(本身也是这样管理)的行业之间的界限也越来越模糊,这都令我惊讶不已。我们看到银行业正在向零售业进军,"返现"是现在销售点的一个标准特征,我们可能都不太记得曾经没有它的日子了。我们看到健身正在推动医疗保健的发展,医生开始要求病人分享他们可穿戴设备上收集到的数据。更多的界限变得模糊,更多的行业相互融合又需要多久呢?

我想和大家谈谈我对未来无限可能性的看法,"魔力"一词似乎再合适不过了。

然而,当我更为潜心地写作时,我发现或许可以通过提供有关如何从"A 点"到"B 点"的高水平指导方针——这也是消费品品牌服务新兴流动消费者最为直接的目的,为读者带来更多信息。因此,在后面的写作中,这也是我关注的重点。

但我一直想着"C 点",想着活力服务,智能设备的演变和融合会最终以什么样的方式影响我们作为消费者的体验,又会怎样影响我们的家庭、财务状况、身体、工作生活、将来的旅途,等等。

所以我想要跟你们分享的是:致力于当下的可能性,基于这本书中提到的一些想法为未来做好准备。但始终要以长远的眼光做最好的设想。我们正处在一个可以将想象变为现实的美好时刻。

开始施展魔力吧。

尾 注

引言

1. 《泰格豪雅与英特尔和谷歌共同打造的联网手表亮相》,《福布斯》2015 年
   9 月;http://www.forbes.com / sites / robertanaas / 2015 / 11 / 09 / meet-
   the-tag-heuer-connected-watch-created-with-intel- and-google

2. 雷切尔·罗尔夫(Rachel Rolfe),https://twitter.com / stylingevents /
   status / 721627126861078528

第一章

3. 欧睿国际,《2016 年 6 月全球包装食品数据》

4. 凯鹏华盈投资公司合伙人玛丽·米克(Mary Meeker)《2016 年互联网趋
   势报告》,来源 Nakano Research2 / 16

5. 埃森哲《2015 年适应性消费者研究报告》

6. 埃森哲《计算机生成解决方案(CGS)行业驱动因素》,数据来源于咨询机
   构星球零售(Planet Retail)

7. 埃森哲《2015 年适应性消费者研究报告》

8. 星球零售(Planet Retail),《揭秘——实现全渠道涅槃的六大要素》,
   2014 年 3 月 26 日,http://www1.planetretail.net / stepnews-and-events /

press-release / six-elements-achieving-omnichannel-nirvana

9. 埃森哲《2016 年互动营销驱动品牌个性化调查报告》

10. 星球零售(Planet Retail),《揭秘——实现全渠道涅槃的六大要素》,2014 年 3 月 26 日,http: // www1. planetretail. net / stepnews-and-events / press-release / six-elements-achieving-omnichannel-nirvana

11. 《快公司》(*Fast Company*)杂志官网,《什么是"办公自由",它又是如何解决 由来已久的组织性问题》,2013 年 4 月 2 日,https: // www. fastcompany.com / 3007696 / concept-office-freedom-and-how-it-fixes-age-old-organizational-problems

12. 《摩根大通银行分析师报告》,2016 年 5 月 16 日

13. 凯西·牛顿(Casey Newton),《据报道,耐克放弃了能量腕带 FuelBand,遣散了其硬件部门(更新内容)》,The verge, 2014 年 4 月 18 日,http: // www. theverge.com /2014 /4 /18 /5629544 / nike-reportedly-abandons-the-fuelband-and-lays-off-its-hardware

14. 伊莱恩·洛尔(Elaine Low),《耐克在加速推进数字战略:这意味着什么?》,《投资者商业日报》(*The Investor's Business Daily*)新闻,2016 年 2 月 10 日,http: // www. investors. com / news / nike-is-ramping-up-its-digital-strategy-what-does-that-mean /

15. 《2016 年第一季度收入电话会议记录》,http: // seekingalpha. com / article / 3967077-armour-ua-kevin-plank-q1-2016-results-earnings-call-transcript? page = 4

16. 寻找阿尔法(Seeking Alpha),露露乐蒙首席执行官劳伦特·帕德文(Laurent Potdevin)在《2016 年第一季度业绩》的收入电话会议记录,http: // seekingalpha. com / article / 3980766-lululemon-athleticas-lulu-ceo-laurent-potdevin-q1-2016-re-sults-earnings-call-transcript? part = single

17. 《财富》杂志,《探究露露乐蒙 UltraSleek"概念"商店》,2016 年 4 月 18 日,

http：∥fortune.com／2016／04／18／lululemon-lab-new-store-nyc／

第三章

18. 《福布斯》,2014 年 5 月,http：∥www.forbes.com／sites／kerryadolan／2014／03／20／healthcares-innovation-imperative-ten-truths-entrepreneurs-need-to-know／♯4e9 552333d50

19. 《平台革命：改变世界的商业模式》,桑基特·保罗·邱达利(Sangeet Paul Choudary)、马歇尔·W.范·埃尔斯泰恩(Marshall W. van Alstyne)和杰奥夫雷·G.帕克(Geoffrey G. Parker)合著,由诺顿出版公司于 2016 年出版。《平台扩张：新兴商业模式如何帮助初创企业以最少投资建立最大帝国》(平台思维实验室创始人桑基特·保罗·邱达利撰写,2015 年出版)

20. 《管道、平台和新的战略规则》一文发表于《哈佛商业评论》,2016 年 4 月,由马歇尔·W.范·埃尔斯泰恩、杰奥夫雷·G.帕克和桑基特·保罗·邱达利合著

21. 在《平台革命：改变世界的商业模式》(由诺顿出版公司于 2016 年出版)一书中,马歇尔·W.范·埃尔斯泰恩、杰弗里·G.帕克和桑基特·保罗·邱达利对这个概念给出了一个详细而又全面的阐释

22. 实例选自智能家居公司耐思德网站：https：∥nest.com／thermostat／meet-nest-thermostat

23. 安德玛网站视频内容：http：∥www.underarmour.jobs／talent？ar？eas／connected？fitness／

24. 味好美网站,风味测评(FlavorPrint)视频：http：∥www.mccormick.com／FlavorPrint

第四章

25. 约翰·贝西尔斯(John Beshears)、弗兰西斯卡·吉诺(Francesca Gino)

《好设计造就好决策》("Leaders as Decision Architects"),《哈佛商业评论》,2015 年 5 月

26. 保罗·舒梅克(Paul J. H. Shoemaker)、菲利普·泰洛克(Phillip E. Tetlock)《超级预测:如何提升公司的判断》("Superforecasting: How to Upgrade Your Company's Judgment"),《哈佛商业评论》,2016 年 5 月

27. 汉斯·维拉里卡(Hans Villarica)《你爱上品牌的原因》,《大西洋月刊》网页版,2012 年 4 月 13 日,http://www.theatlantic.com/business/archive/2012/04/this-is-why-you-fall-in-love-with-brands/255448/

第五章

28. 世界经济论坛白皮书(埃森哲联合发布),《工业的数字转型:数字企业》,《消费行业》,2016 年 1 月,http://reports.weforum.org/digital-transformation-of-industries/wp-content/blogs.dir/94/mp/files/pages/files/digital-enterprise-narrative-final-january-2016.pdf

29. 《营救竞标中未能找到买家,BHS 裁员 11 000 名并关闭 164 家门店》,《每日电讯报》,2016 年 6 月 2 日,www.telegraph.co.uk/business/2016/06/02/fate-of-bhss-11000-workers-to-be-sealed-as-desicision-looms-for-tr/

30. 《不做 21 世纪的零售商,BHS 只是个案》,《每日电讯报》,2016 年 6 月 3 日,http://www.telegraph.co.uk/business/2016/06/02/bhs-was-a-case-study-in-how-not-to-be-a-retailer-in-the-21st-cen/

31. 《为何 Sports Authority 的倒闭是个好消息》,《财富》,2016 年 3 月 2 日,http://fortune.com/2016/03/02/bankruptcy-sports-authority/

32. 《Sports Authority 破产,安德玛、耐克一片慌乱》,彭博社 2016 年 5 月 31 日消息,http://www.bloomberg.com/news/articles/2016-05-31/under-armour-cuts-outlook-as-sports-authority-demise-hurts-sales

33. 世界经济论坛白皮书(埃森哲联合发布),《工业的数字转型:数字企业》,

《消费行业》,2016 年 1 月

34. 《全球零售电子商务销售：Emarketer 的估计和预测(更新到 2019 年)》,
   eMarketer Pro, http: // dash-board-na1. emarketer. com / app / dist / #
   5761ca2caa976207c42cdad5,于 2016 年 7 月获取

35. 《沃博联有限公司》,道琼斯 Factiva 公司报告,版权所有,2016 年。

36. 《沃尔格林寻求全球主导地位背后的亿万富翁》,《福布斯》网页版,
   2016 年 2 月 1 日,http: // fortune. com / walgreens-greg-wasson-stefa-no-
   pessina /

37. 《提姆·特里奥特是如何把沃尔格林从一个忠诚度项目的跟随者变成引
   领者》,《芝加哥论坛报》蓝天创新(Blue Sky Innovation)活动采访,
   2014 年 1 月 9 日,http: //bluesky. chicagotribune. com / originals / chi-tim-
   theriault-walgreens-qab-si-20140108,0,0.story

38. 《六家标志性零售商及其数字化转型之旅》,Econsultancy 网,2016 年 8 月
   31 日,https: // econsultancy. com / blog / 68216-six-iconic-retailers-and-
   their-digital-transformation-journeys /

39. 《沃尔格林关闭药房网,专注于自身网站建设》,《华尔街日报》网页版,
   2016 年 7 月 28 日,http: // www. wsj. com / articles / walgreens-to-shut-
   down-drugstore-com-focus-on-own-website-1469725502

40. 杰瑞米·科克(Jeremy Kirk)《服饰零售商优衣库利用脑电波为顾客搭配
   T 恤》,《PCWorld 月刊》网页版,2015 年 10 月 17 日,http: // www.
   pcworld.com / article / 2990034 / gadgets / clothing-retailer-uniqlo-uses-
   brain-waves-to-match-cus- tomers-with-t-shirts.html

41. 杰瑞米·科克(Jeremy Kirk)《服饰零售商优衣库利用脑电波为顾客搭配
   T 恤》,《PCWorld 月刊》网页版,2015 年 10 月 17 日,http: // www.
   pcworld.com / article / 2990034 / gadgets / clothing-retailer-uniqlo-uses-
   brain-waves-to-match-cus- tomers-with-t-shirts.html

42. 《店内个性化数字展示推动购买》，eMarketer 网页，2015 年 8 月 24 日，
    http：∥totalaccess.emarketer.com／Article.aspx？R＝1012899

43. 莎拉·佩雷斯(Sarah Perez)《塔吉特的省钱应用 Cartwheel 现在能让
    你拿到真的优惠券》，科技博客网，2016 年 4 月 4 日，https：∥
    techcrunch.com／2016／04／04／targets-savings-app-cartwheel-now-lets-
    you-clip-real-coupons／

44. Whole Foods 网，http：∥www.wholefoodsmarket.com／local，见于
    2016 年 7 月 18 日

45. 伊利亚·赫连尼科夫(Ilya Khrennikov)《俄罗斯：一个快递员能给时尚
    建议的国家》，彭博社在线消息，2014 年 2 月 7 日，http：∥www.
    bloomberg.com／news／articles／2014-02-06／russian-web-retailer-lamoda-
    deploys-own-delivery-service

46. 亚马逊网，https：∥www.amazon.com／oc／dash-replenishment-service，于
    2016 年 7 月 19 日获取

47. 贝斯·考维特(Beth Kowitt)《Whole Foods 和 Instacart 公司送货战战火
    升级》，《财富》网页版，2014 年 9 月 8 日，http：∥fortune.com／2014／09／
    08／whole-foods-instacart-turn-up-heat／

48. 克洛伊·里格比(Chloe Rigby)《爱顾公司称其现在 40 亿英镑的销售额
    中，超过一半是在线完成的，四分之一是通过移动方式获得的》，《互联网
    零售》，2016 年 3 月 11 日，http：∥internetretailing.net／2016／03／argos-
    says-more-than-half-of-4bn-sales-now-made-online／

49. 马修·查普曼(Matthew Chapman)《爱顾公司成为英国第一家移动商务
    销售额达到 10 亿英镑的多渠道零售商》，《零售周刊》网页版，2015 年
    7 月 23 日，http：∥www.retail-week.com／technology／m-commerce／
    argos-becomes-first-uk-multichannel-retailer-to-hit-1bn-in-m-commerce-
    sales／5077343.fullarticle

50. 马修·查普曼(Matthew Chapman)《家用零售大亨约翰·沃登推动爱顾公司推出数字商店》,《零售周刊》网页版,2015 年 4 月 29 日,http://www.retail-week.com/technology/innovation/home-retail-boss-john-walden-pushes-button-on-argos-digital-store-rollout/5074492.fullarticle

51. 露露乐蒙网,http://shop.lululemon.com/ambassadors/_/N-1z141e2,于 2016 年 7 月 19 获取

52. 科琳·莱希(Collee Leahy)《你会说露露乐蒙密语吗?》,《财富》网页版,2013 年 8 月 29 日,http://fortune.com/2013/08/29/do-you-speak-lululemon/

53. 埃森哲零售研究,2015 年

54. 谷歌,https://www.google.com/trustedstores/,于 2016 年 7 月 19 日获取

55. Everlane 官网,https://www.everlane.com/collections/womens-all/products/womens-cotton-poplin-v-neck-tee-dress-black,于 2016 年 7 月 18 日访问

56. 标准普尔资本智商公司,墨式烧烤 Chipotle,(纽约证券交易所代码:CMG)金融股＞关键数据

57. 丽莎·巴特林(Lisa Baertlein)《Chipotle 墨西哥烧烤餐厅爆发大肠杆菌事件给其带来严重打击》,路透社网,2016 年 4 月 28 日,http://www.reuters.com/article/us-chipotle-strategy-idUSKCN0XP360

58. 美国食品加工产业协会官网,http://www.gmaonline.org/issues-policy/health-nutrition/smartlabeltm-consumer-information-transperency-initiative/于 2016 年 7 月 19 日获取

59. 智能标签官网,http://www.smartlabel.org/,于 2016 年 7 月 19 日获取

60. 沃尔格林官网,http://news.walgreens.com/fact-sheets/about-walgreens/,

于 2016 年 8 月 3 日获取

61. 沃尔格林官网,https：∥www.walgreens.com/steps/brhc-loggedout.jsp,
于 2016 年 7 月 18 日获取

62. 《肥皂剧：亚马逊与宝洁公司齐头并进,电商巨头在供应商的仓库里开商
店》,《华尔街日报》,2013 年 10 月 14 日,http：∥www.wsj.com/articles/
SB10001424052702304330904579135840230674458

第六章

63. 乔伊·唐(Joy Tang),《埃森哲展示了亚太地区零售业的未来》,worksmartasia
网,2016 年 2 月 29 日,http：∥worksmartasia.blogspot.com/2016/02/
accenture-shows-what-future-of-retail.html

64. 《埃森哲分析》,欧睿国际,2016 年

65. 埃森哲编辑室,《埃森哲报告发现,消费品公司必须增强数字能力,以抓
住亚洲市场 3 400 亿美元的蓬勃增长》,2016 年 2 月 25 日,https：∥
newsroom.accenture.com/news/consumer-packaged-goods-companies-
must-enhance-their-digital-capabilities-to-capture-us-340-billion-growth-
in-booming-asian-markets-accenture-report-finds.htm

66. 埃森哲信息库,《亿滋国际：零基预算,成就节约》,2015 年

67. 《首席财务官作为企业价值缔造者：在实现增长的同时管控复杂性》(《埃
森哲 2014 年卓越绩效财务研究》,版权所有),https：∥www.
accenture.com/us-en/insight-high-performance-finance-study

68. 《首席财务官作为企业价值缔造者：在实现增长的同时管控复杂性》
(《埃森哲 2014 年卓越绩效财务研究》,版权所有),https：∥www.
accenture.com/us-en/insight-high-performance-finance-study

69. 埃森哲分析,《打造一个以分析推动发展的公司：消费品公司的组织、管
理、采购和不断增长的分析能力》,https：∥www.accenture.com/us-en/

insight-building-analytics-consumer-goods

70. 埃森哲官网,《未来的员工》, https: // www. accenture. com / ke-en /
outlook-theme-workforce-of-the-future

71. 罗伯特·J.托马斯(Robert J. Thomas)、亚瑞特·西尔弗斯通(Yaarit
Silverstone),埃森哲展望个案研究《美捷步赋予员工自主权》,2015 年,
https: // www. accenture. com / t20151015T042910_w_/ ke-en / _acnmedia /
Accenture / Conversion-Assets / Outlook / Documents / 2 / Accenture-
Outlook-Zappos-Web-PDF. pdf ♯ zoom = 50

72. 弗朗西斯·X.弗雷(Frances X. Frei)、罗宾·J.伊莱(Robin J. Ely)和劳
拉·温尼格(Laura Winig),《美捷步官网 2009: 服装、消费者服务和企业
文化》,哈佛商学院,2011 年 6 月 27 日,9-610-105

73. 传送幸福网(Delivering Happiness website),尼克·马科斯(Nic
Marks)主页, http: // deliveringhappiness. com / team / nicmarks / ♯
sthash.0GYQgc7b.dpuf,于 2014 年 10 月 20 日获取

74. 安妮·桑尼(Annie Sunny),《美捷步的合弄制》,People's Lab blog,明思力集
团,2014 年 2 月 27 日,http: // peopleslab. mslgroup. com / peoplesinsights /
zappos-holacracy /,于 2014 年 9 月 29 日获取

75. 引自埃森哲的采访(除非另有说明)

76. 艾米·格罗思(Aimee Groth),《美捷步正朝着合弄制方向发展: 无工作
头衔、无管理人员、无等级制度》,Quartz 网,2013 年 12 月 30 日,http: //
qz. com / 161210 / zappos-is-going- holacratic-no-job-titles-no-managers-
no-hierarchy /,于 2014 年 9 月获取

77. 本节及下一节的内容直接引自: 埃森哲战略,沃伦·帕里(Warren
Parry)、兰迪·旺德马赫(Randy Wandmacher),《颠覆变革》, https: //
www. accenture. com / _ acnmedia / Accenture / Conversion-Assets /
DotCom / Documents / Global / PDF / Strategy_7 / Accenture-Turning-

Change-Upside-Down. pdf♯zoom＝50

78. 埃森哲战略,沃伦·帕里(Warren Parry)、兰迪·旺德马赫(Randy Wandmacher),《颠覆变革》,https:∥www.accenture.com／_acnmedia／Accenture／Conversion-Assets／DotCom／Documents／Global／PDF／Strategy_7／Accenture-Turning-Change-Upside-Down. pdf♯zoom＝50

79. 埃森哲战略,沃伦·帕里(Warren Parry)、兰迪·旺德马赫(Randy Wandmacher),《颠覆变革》,https:∥www.accenture.com／_acnmedia／Accenture／Conversion-Assets／DotCom／Documents／Global／PDF／Strategy_7／Accenture-Turning-Change-Upside-Down. pdf♯zoom＝50

80. 《现在就是未来:了解亚洲的新消费者》(埃森哲报告,2016 年),https:∥www.accenture.com／t20160729T064247_w_/on-en／_acn- media／PDF-8／Accenture-ECommerce-PoV-v6-FINAL.pdf♯zoom＝50

81. 《最佳报价:战略 vs. 执行》,Brandautopsy,2010 年 9 月 11 日,http:∥www.brandautopsy.com／2010／09／best-quote-on-strategy-vs-execution. html

第七章

82. 欧睿国际,2016 年 7 月 15 日

83. 产业访谈,埃森哲研究

84. 产业访谈,埃森哲研究

85. 产业访谈,埃森哲研究

86. 获取更多信息和不同视角,可见本杰明·纽沃思(Benjamin Neuwirth),《乡村新兴市场的营销渠道战略》(西北大学凯洛格商学院)

87. 埃森哲研究,亦见于:https:∥www.unilever.com／Images／investor-seminar-2012-willem-eelman-technology-for-competitive-advantage_tcm244-422872_en.pdf

第八章

88. 埃森哲出版,《你的快消品创新引擎是否在持续运转?》,由阿迪·阿隆 (Adi Alon)和布莱恩·杜尔(Brian Doyle)合著,埃森哲版权所有 2015 年,报告来源于埃森哲 2012 年 12 月发布的《运营 2013——创新调查》, https: // www.accenture.com / us-en / insight-cpg-innovation-engine

89. 埃森哲出版,《你的快消品创新引擎是否在持续运转?》,由阿迪·阿隆 (Adi Alon)和布莱恩·杜尔(Brian Doyle)合著,埃森哲版权所有 2015 年,https: // www.accenture.com / us-en / insight-cpg-innovation-engine

90. 埃森哲出版,《你的快消品创新引擎是否在持续运转?》,由阿迪·阿隆 (Adi Alon)和布莱恩·杜尔(Brian Doyle)合著,埃森哲版权所有 2015, 报告来源于《IRI 2013 年新产品领军者》,https: // www.accenture.com / us-en / insight-cpg-innovation-engine

91. 埃森哲出版,《你的快消品创新引擎是否在持续运转?》,由阿迪·阿隆 (Adi Alon)和布莱恩·杜尔(Brian Doyle)合著,埃森哲版权所有 2015,报告来源于"埃森哲分析",https: // www.accenture.com / us-en / insight-cpg-innovation-engine

92. 埃森哲研究与分析平台,《产品生命周期服务:提高研发的速度、质量和成本效率》,布莱恩·杜尔(Brian Doyle),2016 年 4 月 22 日

93. 阿利斯顿·阿克曼(Alliston Ackerman),《宝洁塑造了商店》,消费品科技网站,2011 年 9 月 16 日,http: // consumergoods.edgl.com / news / P-G-Shapes-the-Store75556

94. 杰克·内夫(Jack Neff),《虚拟现实会如何改变购物者营销,企业对企业的电子商务模式(B2B)等: 游戏是明显的应用,但低成本会带来各种广告和研究选项》,AdAge 官网,2015 年 6 月 6 日,http: // adage.com / article / digital / virtual-reality / 299336 /

95. 大卫·温泽伯格(David Winzelberg),《为你揭秘可口可乐 Freestyle 智能

饮料机》，可口可乐官网，2012 年 10 月 16 日，http：// www. coca-colacompany. com / stories / everything-you-need-to-know-about-coca-cola-freestyle

96. 《可口可乐 Freestyle 智能饮料机——物联网的传道者》，由美国 Adobe 公司及《快公司》(*Fast Company*) 杂志委托撰写，2016 年 3 月 22 日，http：// www.fastcompany.com / 3058161 / new-heights / cokes-freestyle-machine-is-an-iot-evangelist

97. 凯尔·范梅尔特(Kyle Vanhemert)，《耐克新应用 Making：告诉设计师什么材料最环保》，*Wired* 杂志官网，2013 年 6 月 9 日，http：// www. wired. com / 2013 / 07 / what-are-the-most-sustainable-materials-nikes-new-app-shows-you /

98. 2016 年 7 月 19 日来自信号分析公司 Signals Analytics 的塔玛·萨森(Tamar Sasson)获得的案例

99. 汤姆·范德比尔特(Tom Vanderbilt)，《为何通用汽车在涉猎 Rally Fighter 越野车和比萨烤炉时"快速失败"》，2015 年 12 月最早发表于 *Wired* 杂志，http：// wired.co.uk / article / ge-startup-fail-fast-crowdsourcing

第九章

100. 埃森哲研究

结语——展望未来

101. 《和彗星着陆器 Philae 说再见》，DLR 博客，2016 年 6 月 26 日，http：// www.dlr.de / blogs / en / home / philae / Say-goodbye-to-Philae.aspx

102. 《引入爱的指数：推动数据亲和力的新途径》，南迪尼·纳亚克(Nandini Nayak)和凯尔萨·特隆(Kelsa Trom)合著，发表于 2015 年 12 月 2 日，https：//www.fjordnet.com / conversations / introducing-the-love-index-a-fresh-approach-to-driving-digital-affinity

103. 《Fjord 活力服务分析及"活力服务时代"》，Fjord 咨询公司于 2015 年出版(埃森哲版权所有 2015)，https: // www. fjordnet. com / media-files / 2015 /05 / Living-Services. pdf

104. 《Fjord 活力服务分析及"活力服务时代"》，Fjord 咨询公司于 2015 年出版(埃森哲版权所有 2015)，https: // www. fjordnet. com / media-files / 2015 /05 / Living-Services. pdf

105. 《Fjord 活力服务分析及"活力服务时代"》，Fjord 咨询公司于 2015 年出版(埃森哲版权所有 2015)，https: // www. fjordnet. com / media-files / 2015 /05 / Living-Services. pdf

106. 《Fjord 活力服务分析及"活力服务时代"》，Fjord 咨询公司于 2015 年出版(埃森哲版权所有 2015)，https: // www. fjordnet. com / media-files / 2015 /05 / Living-Services. pdf

107. 《尼尔森突破性创新报告》，由塔迪·霍尔(Taddy Hall)、罗伯·温格尔(Rob Wengel)和艾迪·尤恩(Eddie Yoon)合著，2016 年 6 月

108. 安德玛公司，《第二季度业绩的网络广播和电话会议记录》，2016 年 7 月 26 日：http: // www. uabiz. com / events. cfm

索　引

上海市版权局著作权合同登记号：图字 09 - 2019 - 513